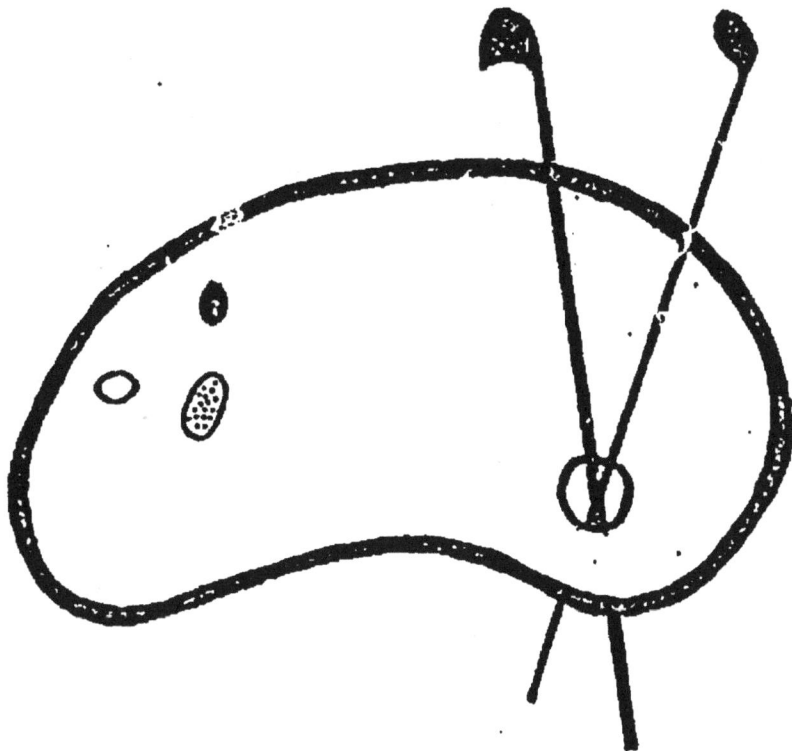

DEBUT D'UNE SERIE DE DOCUMENTS
EN COULEUR

HISTOIRE

DE

L'HÔPITAL DE BICÊTRE

(1250-1791)

(UNE DES MAISONS DE L'HÔPITAL GÉNÉRAL DE PARIS)

PAR

Le Dr Émile RICHARD

PARIS

G. STEINHEIL, ÉDITEUR

2, RUE CASIMIR-DELAVIGNE, 2

—

1889

ALBARRAN, ancien interne des hôpitaux, Médaille d'or. — **Étude sur le rein des urinaires,** avec 4 planches en chromolithographie. Prix . . . . 8 fr.

BAUDOUIN (Georges), anc. interne des hôpitaux. — **Contribution à l'étude des syphilis graves précoces; formes, fréquence, étiologie, pronostic.** Prix. 6 fr.

BESANÇON, ancien interne des hôpitaux. — **D'une néphrite liée à l'aphasie artérielle,** avec une planche. Prix. 3 50

CHARTIER, anc. int. des hôp. — **Traitement de la septicémie puerpérale par le curage de l'utérus.** Prix 3 50

CHANTELOUBE. — **De l'amputation anaplastique du col (opération de Schrœder) dans la métrite cervicale rebelle.** Prix . . . . 3 fr.

DAURIOS. — **Étude clinique e traitement chirurgical de. tuberculose génitale chez la femme.** Prix . . . . . . 5 fr.

GAUDARD. — **Essai sur le diabète sucré dans l'état puerpéral.** Prix 2 50

GONTHIER. — **Étude sur les inhalations d'oxygène dans la diphtérie.** Prix. . . . . 3 fr.

KLIPPEL, ancien interne des hôpitaux. — **Des amyotrophies dans les maladies générales chroniques et de leurs relations avec les lésions des nerfs périphériques.** Prix. 6 fr.

LAVAUX, ancien interne des hôpitaux. — **Du lavage de la vessie sans sonde à l'aide de la pression atmosphérique. Ses usages. Son application au traitement des cystites douloureuses.** Prix . . . . : 4 fr.

LE CUZIAT. — **Du traitement du rein mobile douloureux. De la néphrorrhaphie expérimentale,** avec fig. . Prix. 2 fr.

LESAGE, ancien interne des hôpitaux. — **Étude clinique sur le choléra infantile,** avec 7 tableaux tracés par M. le Dr Ollivier (médecin des Enfants Malades). Prix. 3 50

PÉRAIRE, ancien interne des hôpitaux. — **Des endométrites infectieuses. Rôle des microorganismes dans la pathogénie des maladies des femmes.** Prix. . . . . . . 4 fr.

POTHERAT, ancien interne des hôpitaux. — **Contribution au diagnostic et au traitement chirurgical des kystes hydatiques du foie.** Prix . . . 4 fr.

SEBILEAU, anc. int. des hôp. — **Les épanchements du péritoine dans les tumeurs de l'appareil génital interne de la femme. (Ascite et tumeurs de l'abdomen.)** Prix. . . . 3 50

TUFFIER, chirurgien des hôpitaux. — **Études expérimentales sur la chirurgie du rein. Néphrectomie, néphrorrhaphie, néphrotomie,** avec de nombreuses figures intercalées dans le texte. Prix. . . . . 6 fr.

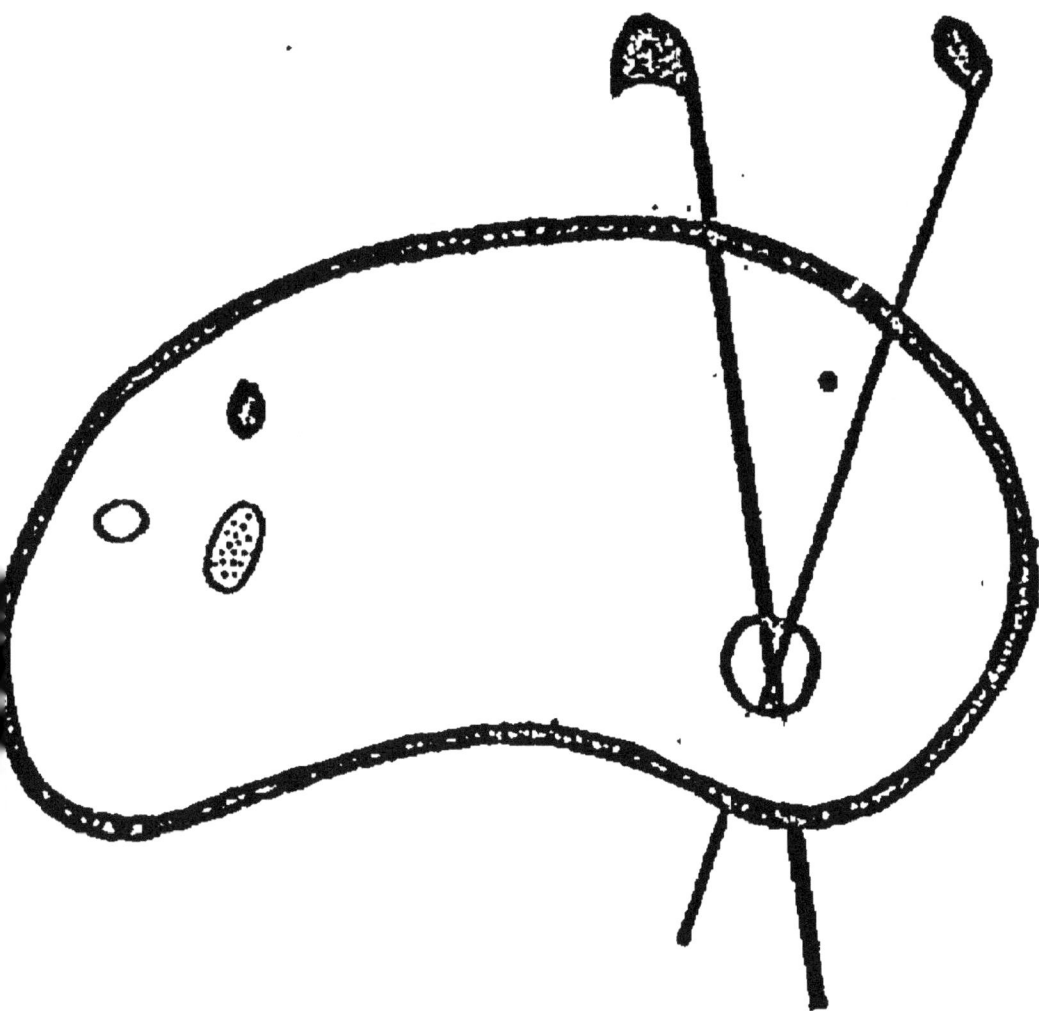

FIN D'UNE SERIE DE DOCUMENTS
EN COULEUR

HISTOIRE

DE

L'HÔPITAL DE BICÊTRE

(1250-1791)

(UNE DES MAISONS DE L'HÔPITAL GÉNÉRAL DE PARIS)

PAR

Le Dr Émile RICHARD

PARIS

G. STEINHEIL, ÉDITEUR

2, RUE CASIMIR-DELAVIGNE, 2

1889

A LA MÉMOIRE VÉNÉRÉE DE MON PÈRE

A MA MÈRE

A MES ONCLES

A MA FAMILLE

A MES AMIS

HISTOIRE

DE

L'HÔPITAL DE BICÊTRE

(1250-1791)

(UNE DES MAISONS DE L'HÔPITAL GÉNÉRAL DE PARIS)

————————×————————

AVANT-PROPOS

L'Hôpital général de Paris consistait dans la réunion, sous une administration commune, de diverses *Maisons*, où l'on recevait les pauvres valides ou infirmes de tous âges et de tous sexes, incapables de gagner leur vie.

Bicêtre est celle de ces *Maisons*, dont nous allons faire l'histoire. Notre travail embrasse deux périodes différentes : Bicêtre-château et Bicêtre-hôpital. La première naît avec le château, le prend à son origine (1250) et va jusqu'au jour où les soldats invalides en sont expulsés pour faire place aux Pauvres enfermés (1656). La seconde, de beaucoup la plus importante, commence avec l'Hôpital-Général (1656) et finit avec lui le 11 avril 1791.

Nous ne dépasserons point cette date ; car le sujet que nous traitons est assez vaste ainsi pour que nous ne continuions point après la disparition de l'Hôpital-Général.

Ceci dit, il reste à indiquer le plan que nous avons conçu, la marche que nous avons suivie et les sources auxquelles nous avons puisé.

Nous passons tout d'abord rapidement en revue les événements dont le château de Bicêtre fut le théâtre de 1250 à 1656.

Comme quelques détails préliminaires sur l'Hôpital-Général ne nous paraissent point inutiles, pour qu'on puisse se rendre comp'e plus facilement de tous les rouages de cet immense établissement hospitalier, nous en décrivons brièvement l'organisation et retraçons en quelques lignes l'histoire de chacune de ses maisons.

Puis nous nous occupons de l'Hôpital de Bicêtre, proprement dit. Un chapitre spécial est attribué à son administration, à son personnel et à sa topographie.

Bicêtre étant non seulement un *Hospice* pour les pauvres valides ou infirmes, mais encore une *Maison de Force et de Correction* pour les prisonniers et les jeunes détenus, un *Asile* pour les aliénés et un *Hôpital* pour les vénériens (hommes et femmes) nous consacrons un article particulier à chacune de ces quatre catégories (1). Enfin nous terminons en décrivant comment y étaient installés les services médical et chirurgical, et en donnant la liste complète de tous les médecins chargés de cette mission.

Sans vouloir énumérer ici tous les ouvrages, que nous avons consultés, voici ceux qui nous ont principalement servi.

A la Bibliothèque nationale (section des manuscrits) nous avons recueilli les plus précieux renseignements dans la *Collection Joly de Fleury*, formée par les divers procureurs généraux de ce nom, qui, par leur charge étant de droit chefs-directeurs de l'Hôpital-Général, avaient eu soin de conserver dans leurs archives particulières la copie, sinon l'original, de toutes les délibérations prises par le Bureau. Dans les autres manuscrits, ayant trait aux hôpitaux, nous avons

(1) Peut-être nous reprochera-t-on d'être sorti de notre sujet en parlant des hôpitaux vénériens, antérieurs à celui de Bicêtre. Mais nous avions des motifs sérieux pour agir ainsi. Nous voulions prouver qu'on avait prétendu à tort qu'à l'apparition du mal de Naples les femmes n'avaient été ni reçues ni soignées dans aucun hôpital. Nous tenons aussi à parler d'un certain hôpital de la Sanitat, situé près de l'ancien pont des Tuileries et destiné aux syphilitiques, et dont personne ne dit mot, si ce n'est Sauval. Enfin, nous désirions montrer que les commissaires du Grand Bureau des Pauvres, chargés à partir du 7 février 1559 de faire soigner ces malades aux frais de l'Aumône générale, ne les avaient point mis, à cette époque, faute d'emplacement, dans leur hôpital des Petites-Maisons, mais les avaient fait traiter, les hommes chez des chirurgiens-barbiers, payés à cet effet et obligés d'avoir dans leurs maisons des loges pour eux, et les femmes chez des veuves de chirurgiens-barbiers.

trouvé quelques pièces curieuses. Le recueil *Thoisy* (section des imprimés) a été également mis par nous à contribution.

Aux Archives Nationales certains documents sur la loterie de l'Hôpital-Général et des Enfants Trouvés, sur la Force de Bicêtre et sur l'hôpital de Vaugirard nous ont été très utiles.

A la bibliothèque de l'Arsenal, qui possède sans conteste la plus riche collection d'imprimés, se rapportant à l'Hôpital-Général, nous avons fait quelques heureuses découvertes : entre autres une pièce probablement unique, le procès-verbal (ne pas confondre avec l'extrait du procès-verbal, qui n'est pas rare) de la visite faite en 1663 à Bicêtre par les commissaires Saintot et Doujat.

A la bibliothèque de la ville de Paris (Carnavalet) les volumes contenus dans les séries 130, 131, 132 et 133 nous ont été d'un grand secours ainsi que « l'*Histoire des Docteurs-Régents de l'ancienne Faculté*, » de M. Chéreau et « les *Souvenirs de Bicêtre* » d'un certain Richard qui, entré dans cet hôpital comme employé en 1786, y resta pendant plus de soixante ans.

A la bibliothèque de la Faculté de médecine « les *Annales de la Faculté* » manuscrit de Thomas Bernard Bertrand, ancien docteur régent, lequel, à partir de 1708, n'étant encore que bachelier, s'occupa de réunir les matériaux propres à servir à l'histoire de la Faculté ou à la biographie de ses divers membres, travail qui dura toute sa vie, et enfin l'ouvrage de Jacques-Albert Hazon ; fait d'après celui de Bertrand, nous ont fourni des détails biographiques sur les médecins de Bicêtre.

Grâce à l'autorisation que nous a accordée M. Peyron, directeur de l'Administration générale de l'Assistance publique et à l'obligeance de M. l'archiviste Brièle, nous avons pu consulter les quelques pièces originales de l'ancien fonds de l'Hôpital Général qui ont échappé en 1871 au terrible incendie de l'hôtel de l'avenue Victoria, où se trouvaient réunies les Archives de l'Hôtel-Dieu et de tous les autres établissements hospitaliers et charitables de Paris.

« L'*Inventaire des Archives hospitalières de Paris*, quatre volumes parus et « la *Collection des Documents pour servir à l'histoire des hôpitaux de Paris*, » quatre volumes parus, ouvrages publiés par M. Brièle, nous ont permis de vérifier et de contrôler les faits rapportés par les historiens de la ville de Paris et d'en reconnaître parfois l'inexactitude.

On ne saurait trop féliciter MM. Moering, Quentin et Peyron, les trois derniers directeurs de l'Assistance publique, de l'heureuse décision qu'ils ont prise depuis quelques années, de communiquer par ces deux publications les richesses de leurs Archives, qui avant eux restaient enfouies dans les cartons et demeuraient inaccessibles aux recherches du public.

En terminant cet avant-propos, nous tenons à dire qu'il nous eût été difficile de mener à bonne fin cette histoire de Bicêtre, si nous n'avions pas eu pour guide et pour modèle la savante et documentaire étude de M. le professeur Laboulbène sur « l'*Hôpital de la Charité* » (1). Aussi ne saurions-nous trop le remercier d'avoir ainsi facilité notre tâche et de vouloir bien présider ce modeste travail.

Que M. le professeur Brouardel, doyen de la Faculté de médecine, veuille bien accepter nos sincères remerciements pour la bienveillance qu'il nous a montrée.

Nous sommes heureux de profiter de l'occasion qui nous est donnée pour offrir à M. Gilbert Ballet, professeur agrégé de la Faculté de médecine, ce témoignage de notre reconnaissance.

(1) LABOULBÈNE. *Histoire de la médecine* : Hôpital de la Charité. Paris, 1879.

CHAPITRE PREMIER

Histoire de Bicêtre-Château.

Sa situation. — La Grange au Queux donnée par saint Louis aux Chartreux, puis vendue à l'évêque de Winchester, Jean de Pontys. — Château de Bicêtre confisqué, puis restitué à ce prélat par Philippe le Bel. — Divergence d'opinion avec Lebeuf. — Bicêtre n'appartint jamais au comte de Savoie. — Son occupation à deux reprises par les Anglais. — Donné par Charles V à son frère Louis d'Anjou; à la mort de ce dernier, Jean, duc de Berry, en dépouille ses neveux et le fait réparer aux dépens du trésor royal. — Goût de ce prince pour les arts. — Ses alliés à Bicêtre. — Paix et trahison de Winchestre. — Incendie de ce château. — Donation faite au chapitre Notre-Dame. — Réclamation de la Chambre des Comptes qui demande le retour de Bicêtre à la couronne royale comme bien apanagé. — Interventions de Charles VII et de Louis XI. — Matériaux du château donnés par François Ier pour la construction de la maison de la Charité; inexécution de ce projet. — Commanderie de saint Louis instituée par Louis XIII pour les gentilshommes et soldats estropiés à la guerre. — Reconstruction de Bicêtre. — Les Enfants trouvés à Bicêtre; leur court séjour. — Les Frondeurs cherchent à entraîner à la révolte les soldats qui y habitent.

I

Le château de Bicêtre, situé au sud de Paris, entre Gentilly, Arcueil, Villejuif et Ivry, dans l'ancien pays de Hurepoix (1), à une lieue

---

(1) Le Hurepoix était un des douze pays, formant l'ancien gouvernement général de l'Ile-de-France. Dourdan en était le chef-lieu. Il était borné au nord par la

et demie environ du parvis Notre-Dame, près la route de Fontainebleau, au sommet d'une colline au bas de laquelle coule la Bièvre,
fut construit au milieu du treizième siècle par un évêque de Winchester, sur un terrain appelé Grange au Queux.

D'où vient ce nom ? Les uns le font dériver de Biberis castra
(camp de la Bièvre), car selon eux les Romains auraient eu là un
camp ; les autres prétendent que de Grange Cœster, nom porté par
une vieille masure, placée en ce lieu, on aurait fait Bicêtre (1).
D'après une troisième hypothèse il tirerait son origine de Bissexte,
jour complémentaire de février, considéré par les anciens comme
néfaste et employé souvent dans le sens de malheur. Les motifs,
donnés en faveur de cette dernière opinion, ont un certain air de
vraisemblance. Après que ce château eût été incendié en 1411, d'au-
dacieux bandits y avaient élu domicile et dépouillaient les voya-
geurs assez imprudents pour s'aventurer sans escorte dans ces parages. Le peuple pour peindre le sentiment d'effroi, que lui inspirait ce
castel démoli, l'aurait appelé Bissexte, d'où par la suite des temps
on en aurait fait Bicêtre.

Il n'y a là toutefois qu'une fortuite assonance et la véritable
étymologie est celle qui le fait dériver de Winchester en lui faisant
subir les diverses transformations de Winchestre, Wichestre,
Bissestre et enfin Bicêtre.

II

Au milieu du treizième siècle, les Chartreux n'avaient point encore
de couvent à Paris, le pieux Louis IX pour réparer cet oubli envoya
un de ses officiers offrir à leur supérieur d'en faire construire un aux
frais du trésor royal. Cette proposition fut acceptée avec empresse-
ment. Don Jean Josseran, prieur du Val Sainte-Marie en Valenti-

Seine, qui le séparait de l'Ile-de-France proprement dite ; au sud, par le pays
Chartrain et le Gâtinais français ; à l'ouest, par le Mantois. Il avait environ
neuf lieues en tous sens. Les rivières de l'Orge, de Juines, d'Etampes, de Ré-
marde, d'Ivette et de Bièvre l'arrosaient. Voici les noms des onze autres pays
de l'Ile-de-France : Laonnois, Noyonnais ou quartier de Noyon, l'Ile-de-France
proprement dite, le Soissonnais, le Valois, le Beauvoisis, le Vexin français, le
pays de Thomerais, le Mantois, le Gâtinais français et la Brie française.

(1) *Promenade au centre de Gentilly* par le curé du lieu.

nois, reçut les pleins pouvoirs de son chef d'ordre pour traiter avec
le roi. Louis IX leur donna près du village de Gentilly une maison
appelée Grange au Queux, qu'il avait achetée en 1250 avec des terres,
des vignes et des prés à Jean Ogier, héritier de Pierre, son ancien
cuisinier (1).

Peu après les Chartreux abandonnèrent la Grange au Queux pour
le château de Vauvert, où plus tard s'élèvera leur magnifique monastère de la rue d'Enfer; ils n'en gardèrent pas moins celui de Gentilly;
et même par un acte passé à Melun au mois de mai 1259 le roi
confirma sa première donation. Cependant ils ne tardèrent point à
céder cette propriété à l'évêque de Winchester; puisque Jeanne de
Châtillon, veuve de Pierre d'Alençon, troisième fils de saint Louis,
terminait un acte de donation à ces mêmes religieux de Vauvert en
ces termes : « Donné en la maison de l'évêque de Winchester, qui
« est appelée la Grange au Queux, jouste Paris, l'an de grâce
« MCCXC, le mardi après la feste de Notre-Dame (2).

III

Cet évêque de Winchester, nommé Jean de Pontys, chancelier de
l'Université d'Oxford, joua pendant plus de vingt ans un rôle pré-
pondérant dans sa patrie. Il fut un des conseillers les plus écoutés
d'Édouard Ier.

En France tous les auteurs, qui en parlent, l'appellent à tort Jean
de Pontoise (3). Il existait, il est vrai, à cette époque un prêtre de ce
nom, mais il était abbé de Citeaux (4) et n'avait rien de commun
avec le prélat anglais.

Chargé des intérêts du roi, son maître, à la cour de France, Jean
de Pontys, voulut en outre de l'hôtel qu'il avait à Paris, rue Bor-
delle (5), posséder maison de campagne aux portes de la ville; il
acheta à viager (1286) la Grange au Queux avec des terres, des vignes, des jardins, des prés situés aux villages d'Arcueil, de Vitry, au
bourg St-Marcel et fit bâtir un château sur les hauteurs de Gentilly.

(1) DU BREUL. *Antiquités de Paris*, p. 347.
(2) DOM FÉLIBIEN. *Histoire de Paris*, t, III, p. 231.
(3) GODWIN (Francis). *De præsulibus Angliæ commentarius*. Cambridge,
1743, p. 2212.
(4) *Gallia Christiana*, t. IV, p. 998.
(5) SAUVAL. *Histoire et recherches des antiquités de Paris*, t. II, p. 263.

Tant que les relations furent amicales entre les deux souverains, il fut bien vu et bien reçu à la cour de France, mais lorsque les hostilités éclatèrent entre les deux pays, il fut obligé de fuir. Philippe le Bel, qui n'était pas homme à reculer devant une spoliation, s'empara de ses biens et les donna à vie à Hugues de Bouille, seigneur de Milly, son chambellan (1294). Lorsque la paix fut signée, Jean, qui en avait été un des principaux négociateurs, rentra en possession de son château.

Dans l'acte de restitution on n'oublia pas d'insérer que le domaine royal conservait ses droits de retour (1301). Salvo tamen in restitutione prœdicta et in possessionibus et bonis prœdictis in omnibus jure nostro (1).

Bicêtre était donc un bien apanagé, sous la dépendance de l'évêque de Paris, seigneur de Gentilly depuis 878, époque où Louis le Bègue avait donné ce fief à Ingelwin.

A la mort de l'évêque de Winchester (1304) (2), son apanage fit retour à la couronne; tout au moins en ce qui concernait la Grange au Queux.

IV

Nous ne saurions partager l'avis de l'abbé Lebeuf, lorsqu'il laisse supposer que le comte Amé ou Amédée de Savoie posséda le château de Bicêtre : « Il y a aussi quelque apparence, dit-il, que ce que le « comte de Savoie avait en maison et en vignes, au sujet de quoi il « eut contestation avec l'abbaye de Sainte-Geneviève en 1315, était « dans le même canton (Bicêtre), parce que ce comte alléguait que « ces biens lui étaient advenus par l'évêque de Winchester » (3).

Lebeuf pour appuyer son opinion a soin de renvoyer à la *Gallia Christiana*, mais en se reportant au passage cité par lui on est surpris de voir qu'il n'y est question ni de Gentilly ni de Bicêtre. On y fait seulement mention d'un acte passé entre le comte de Savoie et Jean IV de Saint-Leu, abbé de Sainte-Geneviève, pour régler un différend, soulevé entre eux à propos de jardins, situés au bourg Saint-Marcel (4). Ces terrains provenaient, il est vrai, de l'évêque de

(1) ANDRÉ DUCHESNE. *Annotations des œuvres d'Alain Chartier*, p. 817.
(2) GODWIN. *Loc. cit.*
(8) LEBEUF (abbé). *Histoire de la ville et de tout le diocèse de Paris*, t. X, p. 14.
(4) *Gallia Christiana*, t. VII, p. 749. Preuves, p. 246.

Winchester, mais n'avaient aucun rapport avec le château de Bicêtre. Parce que le comte Amédée se trouvait possesseur d'une partie des biens qui avaient appartenu à Jean de Pontys, il ne fallait point en conclure que tout l'héritage de l'évêque anglais fût passé en ses mains soit par acquêt, soit par donation. Puis le minutieux et si exact habituellement, abbé Lebeuf aurait dû se souvenir que la censive de Sainte-Geneviève ne dépassait pas la rive gauche de la Bièvre et que par conséquent cette abbaye n'avait nul droit d'empiéter sur la suzeraineté que l'évêché de Paris exerçait sur Bicêtre.

Plus affirmatifs que Lebeuf, les auteurs venus après lui, forts de son témoignage, ont tous donné comme positif le fait qu'il avait présenté sous forme dubitative.

V

A deux reprises, le château de Bicêtre fut occupé par les Anglais.

En 1359, le roi d'Angleterre, Édouard III, après un échec sous les murs de Reims, où il avait voulu entrer pour se faire sacrer roi de France, et après avoir saccagé la Bourgogne, malgré les cent mille écus que les habitants de cette province lui avaient donnés pour se racheter du pillage, se dirigea vers Paris, établit son camp à Gentilly (Bicêtre) et offrit la bataille au Dauphin. Celui-ci, qui à l'encontre de son père et de ses trois frères, n'aimait point à guerroyer en personne, se mit à « délayer tant pour se fortifier que pour affaiblir « l'ennemi ». Voyant que les Français étaient indifférents à toutes ses provocations (le souvenir de Poitiers était encore trop récent pour jouer le sort de la nation dans un combat qui pouvait achever notre ruine), Édouard se retira, non sans avoir pillé et brûlé tous les villages d'alentour. Bicêtre ne fut point épargné (1).

Robert Knolles, chef de bande au service des Anglais, en 1370 à la suite d'une incursion en Picardie et en Champagne, vint camper à Bicêtre. Cette fois encore Charles V, quoique devenu roi, resta prudemment enfermé dans son hôtel St-Pol, d'où il voyait la fumée des incendies, allumés par l'ennemi. Après deux jours et deux nuits passés à Bicêtre, les Anglais s'en allèrent dévaster le pays Chartrain. Heureusement pour notre honneur tous les Français n'étaient pas aussi circonspects que le roi; Duguesclin, averti de l'invasion étran-

(1) BELLEFOREST. *Histoire des Neuf Charles.*

gère, se mit à la poursuite de Knolles, l'atteignit et lui infligea coup sur coup de sanglantes défaites.

VI

Si Charles V était un piètre guerrier, il était par contre un excellent parent ; et trop souvent ses frères Louis d'Anjou, Jean, duc de Berry et Philippe le Hardi abusèrent de son impardonnable complaisance pour lui arracher les plus belles provinces. Louis était le plus âpre à la curée ; supérieur aux deux autres par son mérite et sa valeur, mais ambitieux et avare jusqu'à la cruauté, il était aussi redouté de ses vassaux que des ennemis. Sa cupidité n'était jamais rassasiée ; en 1360 il fait ériger par son père en sa faveur le comté d'Anjou en duché, en 1364 il obtient la châtellenie de Chinon, deux ans plus tard il y ajoute celle de Loudun. Non content de tous ces riches domaines, trouvant la *Maison Royale de Bicêtre* à sa convenance, il se la fait octroyer par Charles V, toutefois sous condition que le château resterait apanagé. Quelques années après il allait mourir misérablement (1384) à Biseglia près Bari, victime de son ambition (1).

Jean, duc de Berry, sous prétexte d'assister la veuve et les enfants de son frère, profita de la fâcheuse position où ils se trouvaient pour les dépouiller des comtés d'Étampes, de Gien, Dourdan, Aubigny et autres terres. Le château de Bicêtre, qui devait retourner à la couronne après la mort du duc d'Anjou, lui fut également concédé. Et même comme depuis le passage des Anglais, les appartements avaient grand besoin de réparations, il les fit faire aux frais du jeune roi sous la fallacieuse raison que Sa Majesté y serait plus commodément logée, lorsqu'il lui plairait d'y venir habiter ; et chaque année, grâce à ce subterfuge il extirpait de grosses sommes, dont Le Laboureur a vu les quittances à la Chambre des Comptes (2).

Toutefois Charles VI avait habité Bicêtre à plusieurs reprises ; car ce fut là que le **22** avril 1381 il signa avec les mandataires du roi Jean de Castille un traité d'alliance (3).

(1) Le Laboureur. *Histoire de Charles VI*, p. 87 et 471.
(2) *Ibid.*
(3) Datum apud Wyncestre prope Parisius, die vicesimo secundo Aprilis post Pascha, anno Domini millesimo trecentesimo octavo primo. (*Pièces inédites relatives au règne de Charles VI*. T. I, p. 19. *Collection de la Société de l'Histoire de France.*)

Si le duc Jean fut pillard comme tous les grands seigneurs, ses contemporains, s'il pressura les peuples soumis à son autorité, il eut une grande qualité qu'avaient peu de ses amis, il fut le protecteur dévoué et éclairé des arts; il se plaisait dans la société des savants et des écrivains et s'entourait de peintres et de sculpteurs. Bien avant la Renaissance il alla chercher en Italie et même en Allemagne des artistes pour décorer ses hôtels de Bourges, de Nesle et de Bicêtre (1).

Les vieux chroniqueurs n'ont point de termes assez élogieux pour décrire ses somptueuses demeures. « Rien n'était plus beau, disent « le *Religieux de Saint-Denis* et Juvénal des Ursins, que le château de « Wicestre, surtout par les peintures, on n'en avait jamais vu de si « relevées et de plus excellentes dorures, on admirait surtout les por- « traits de Clément VII et de plusieurs empereurs d'Orient et d'Occi- « dent et de beaucoup de rois et princes français ; les plus habiles « experts du temps disaient qu'on n'en pouvait trouver de pareils ni « de mieux faits et chose peu commune les fenêtres étaient garnies « de chassis en vitre. »

Malheureusement Bicêtre n'avait pu être fortifié ni mis à l'abri d'un coup de main ; les évêques de Paris, comme suzerains de Gen- tilly, s'étaient toujours opposés à ce que l'on l'entourât de fossés et qu'on y jetât des ponts-levis; car ce château, disaient-ils, était bâti sur un terrain roturier et dans leur juridiction épiscopale (2).

Laisser une telle demeure sans défese était d'une extrême impru- dence ; d'autant plus que les disse..sions intestines, les guerres civiles et les invasions étrangères ne mirent jamais à aucune autre époque la France dans une situation aussi critique. Pendant la dé- mence de Charles VI, son frère et ses oncles se disputèrent le pou- voir les armes à la main. Un crime de lèse-nation : appeler l'étran- ger, un assassinat : tuer un ennemi gênant comme Louis d'Orléans, n'étaient point choses à faire reculer ces nobles scélérats.

Charles d'Orléans, fils du duc, assassiné rue Barbette par les sou- dards de son cousin Jean sans Peur, après son mariage avec Bonne d'Armagnac, petite-fille du duc de Berry, trouva dans le grand-père de sa femme un vengeur de son père. Un traité d'alliance fut conclu

---

(1) Procédure du Parlement contre le duc de Berry au sujet d'une fille qu'il voulait marier à un peintre allemand, qui besoignait pour lui en son hôtel de Wicestre. (Même volume), page 313.

(2) *Registres du Parlement*, 1er mars 1519.

contre le duc de Bourgogne entre les ducs d'Orléans, de Berry, de
Bretagne et de Bourbon, les comtes d'Armagnac, de Richemont,
d'Alençon et le sire d'Albret. Dix mille hommes furent réunis à Orléans et de là marchèrent sur Paris, dont le comte d'Armagnac avait
promis le pillage à ses Gascons, tous gens de sac et de corde. A la
fin d'octobre ils vinrent camper autour du château de Bicêtre, où le
duc de Berry hébergea magnifiquement ses alliés.

Jean sans Peur ne resta point inactif, il se prépara à résister à
l'avalanche humaine qui allait tomber sur lui; en toute hâte il appela
à son secours ses partisans, le duc de Brabant, son frère, le duc de
Hainaut, les comtes de St-Pol et de Savoie, l'évêque de Liège, Jean
sans Pitié. Avant que les deux armées en vinssent aux mains, le
comte de Savoie s'interposa et s'y prit si habilement que le 2 novembre 1410 on signait à Bicêtre le traité, connu sous le nom de *paix* ou
plutôt de *trahison* de Winchestre; car les clauses en furent aussitôt
violées. Tous les princes du sang royal s'engageaient à s'éloigner de
Paris, à l'exception d'un seul, Messire Pierre de Navarre, comte de
Mortaing; le prévôt-capitaine de Paris, Messire Pierre des Essarts,
partisan acharné des Bourguignons, était remplacé par Bruneau de
St-Cler.

Mais la haine entre Armagnacs et Bourguignons était trop vive pour
que ce ne fût pas là une paix boiteuse. Au mépris de ses engagements, Jean sans Peur rentra dans Paris, en nomma gouverneur le
comte de St-Pol. Celui-ci ordonna aussitôt la levée, sous le nom de
milice royale, d'une troupe de cinq cents hommes et chargea de la
recruter et de la former les principaux bouchers: Legois, St-Yon,
Thibert qui s'associèrent Caboche, écorcheur à la boucherie de
l'Hôtel-Dieu et le chirurgien Jean de Troyes. Furieux d'être ainsi
dupés, les Armagnacs, qui ne valaient pas mieux que les Cabochiens,
accoururent à Paris; ayant trouvé les portes de la ville fermées, ils
se vengèrent en mettant le feu à la maison de campagne que Pierre
des Essarts possédait à Bagnolet. La riposte ne se fit point attendre,
Legois fit une sortie avec les siens et alla brûler le château de
Bicêtre.

Enguerran de Monstrelet donne des détails sur cet épisode: « Et
« entre les autres choses, dit-il, qui ne sont point à oublier yssirent
« ung certain jour trois mille combattans, tant de la garnison
« comme de Parisiens, qui s'en alèrent à Vicestre, moult belle maison

« à une lieue de Paris, qui appartient au duc de Berry, en laquelle
« de première venue en la haine et contempt dudit duc, prindrent
« ce qu'ils trouvèrent en icelle et puis la détruisirent et démolirent
« totalement, excepté les murs... »

Bien que Sauval prétende qu'il y ait toute apparence que le duc de
Berry fit rebâtir Bicêtre, tout semble au contraire prouver qu'aucune
réparation n'y fut faite. Au milieu de ces guerres civiles il eût été
imprudent de le faire reconstruire, c'eût été s'exposer de gaieté de
cœur à un accident du même genre. En tous cas si ce château avait
été relevé, il aurait donc été brûlé une seconde fois, puisqu'en 1519
il était encore complètement en ruines.

Par son testament en date du 8 juin 1416, le duc Jean de Berry donna
au chapitre de Notre-Dame ses terres, vignes, jardins, cens, revenus et
dépendances de Bicêtre jusqu'à concurrence de cent soixante livres
parisis de rentes, à condition qu'on célébrerait chaque année quatre
obit pour le repos de son âme et que les chanoines, vêtus de chapes
de soie et tenant à la main un rameau vert, porteraient processionnellement dans les rues de la cité le 1er mai et le jour de la Toussaint
le chef de St Philippe, dont il leur avait fait précédemment cadeau ;
de plus la cathédrale devait être jonchée de fleurs et de feuilles
vertes (1).

La mise à exécution de ses volontés souffrit quelques difficultés.
La Chambre des comptes prétendit qu'il avait outrepassé ses droits.
Bicêtre n'était point des acquêts du duc de Berry, disait-elle à juste
raison, mais un bien apanagé, qui devait revenir à la couronne.
Pour mettre fin au conflit, Charles VII et Louis XI en 1441 et en 1467
confirmèrent la donation, mais ils y apportèrent quelques restric-
tions. Le chapitre de Notre-Dame ne pourrait « ni aliéner ni échanger
« cet hôtel ni son circuit, ni son pourpris, non plus les faire démolir
« et toutes les fois qu'il plairait au roi les reprendre, il pourrait ». La
Chambre des comptes céda devant la volonté royale ; pour toute
condition il fut stipulé dans les lettres d'entérinement que le chapitre
chanterait le jour de la saint Louis une messe du St-Esprit (2).

A partir de cette époque, Bicêtre fut abandonné et servit de retraite
aux hiboux et aux voleurs. Pendant de longues années on y laissa

(1) LE LABOUREUR. *Hist. de Charles VI*, p. 658.
(2) SAUVAL. Tome II, p. 72.

les brigands vivre tranquilles et dépouiller les passants attardés ou
mal accompagnés. Cependant les plaintes du public devinrent si
vives que les magistrats, chargés de la police de la ville, durent s'en
préoccuper. Le procureur général ordonna de démolir cette vieille
bicoque et envoya une troupe d'archers pour en déloger les hôtes
incommodes. Pour les expulser, on fut obligé de les assiéger ; malgré
leur résistance, force resta à la loi.

Peu après, comme François Ier avait confié (13 août 1519) aux
maîtres de l'Hôtel-Dieu la construction de la *Maison de Charité* ou
Sanital, qu'il voulait faire élever au faubourg St-Germain pour les
pestiférés, il leur permit de prendre à Bicêtre toutes les pierres dont
ils auraient besoin (1). Mais les guerres malheureuses, les désastres
survenus à nos armées en Italie, la rançon du roi à payer, ne laissè-
rent point de capitaux disponibles pour exécuter cette œuvre charitable ; et faute d'argent l'hôpital des pestiférés, à peine commencé,
resta inachevé ; et par contre-coup Bicêtre, dont les pierres n'avaient
plus d'emploi, ne fut point entièrement démoli (1).

Claude Châtillon, dans sa Topographie française, publiée en 1610,
a représenté ce vieux château. Quoiqu'il soit tout démantelé, l'aspect
en est encore imposant : en avant un immense donjon domine toute
la plaine, par derrière un long corps de bâtiment, le tout entouré
d'un mur d'enceinte, mais point de fossés.

VII

Jadis les rois toujours à court d'argent ne pouvaient payer de pensions aux soldats blessés à la guerre ; aussi pour ne point les laisser
sans asile, ils les plaçaient dans les communautés religieuses, les
abbayes et les prieurés. Chaque congrégation était obligée d'en recevoir, nourrir et vêtir un certain nombre, qui remplissaient les bas
offices de la maison sous le nom d'*oblats* et de *frères lais.* Ces hommes,
habitués à la vie des camps, ne pouvaient s'accoutumer au calme
du monastère, ils préféraient courir les grands chemins et mendier
au besoin que s'astreindre à l'existence des cloîtres. Les religieux,
qui n'acceptaient qu'à regret ces turbulents auxiliaires, n'essayaient
point de les retenir. Par suite, les bonnes intentions des rois n'a-
vaient produit aucun résultat.

(1) *Documents pour servir à l'histoire des hôpitaux de Paris,* tome III, p. 169.

Après le siège et la prise de la Rochelle, Louis XIII fit revivre les ordonnances par lesquelles les anciens soldats étaient admis comme oblats dans les couvents ; mais instruit par l'expérience de ses prédécesseurs, il ne les obligea point à remplir dans les monastères les fonctions de *frères lais*, il préféra faire donner à chacun d'eux une pension de cent livres, payée par tout bénéfice ecclésiastique d'une valeur de deux mille livres.

Plus tard, à l'instigation du cardinal de Richelieu, le roi résolut de les réunir tous dans un même asile ; mais pour mettre cette idée généreuse à exécution, il fallait un immense emplacement. Aucun n'était mieux situé, ni plus commode que Bicêtre. Aussi fut-il décidé que la commanderie de St-Louis, instituée par l'édit de novembre 1633 pour les gentilshommes et les soldats estropiés à la guerre, y serait installée (1).

L'architecte Lemercier fut chargé de faire disparaître les ruines qui subsistaient encore et de construire un château assez vaste pour contenir plusieurs centaines de soldats invalides (2). Comme l'argent faisait défaut dans les coffres du roi, pour s'en procurer on infligea de fortes amendes aux gens soupçonnés de prêter à usure et les sommes qu'on recouvra ainsi furent destinées à payer les travaux exécutés à Bicêtre.

Bientôt un immense carré de bâtiments avec un pavillon à chaque coin s'éleva. Le cardinal de Richelieu, trop occupé par les affaires de l'État pour pouvoir donner assez de soins à l'administration de la commanderie de Saint-Louis, délégua ses pouvoirs à son frère aîné, le cardinal-archevêque de Lyon. Anne de Beaulieu, sieur de Saint-Germain, fut chargé plus spécialement de la direction intérieure.

Impatient de voir installés à Bicêtre ses nouveaux habitants, Richelieu enjoignit à Lemercier de presser les travaux et de préparer une chapelle provisoire où serait célébrée une messe solennelle le 25 août 1634. L'architecte se hâta et le jour (3) de la saint Louis une partie des bâtiments fut prête. Anne de Beaulieu avait demandé à l'archevêque de Paris, François de Gondy, la permission de faire dire le service divin dans la nouvelle église — ce qui lui fut accordé le 24 août (4). Le lendemain l'inauguration en fut faite avec grande

(1) *Histoire des Invalides*, COCHIN.
(2) VIEL DE SAINT-MAUX. *Principes de l'ordonnance et de la construction.*
(3) EDOUARD FOURNIER. *Variétés historiques et littéraires*, t. VII, p. 271.
(4) SAUVAL: *Antiquités de Paris*, t. III, p. 183.

pompe. Le 27 septembre suivant, rapporte le *Mercure de France*, tous les Invalides firent à Paris leur première *procession* de Bicêtre à l'hôtel du cardinal de Lyon.

Les travaux avaient été commencés avec une telle magnificence que les poètes satiriques exercèrent leur verve contre cette prodigalité. Mais ce beau zèle se ralentit vite, et dix ans plus tard ils étaient au même point.

Cependant ces logements devaient être très vastes, puisqu'en 1647 saint Vincent de Paul obtint du roi par un brevet, confirmatif d'un arrêt de 1643, l'autorisation d'installer à Bicêtre son hôpital des Enfants-Trouvés. Anne de Beaulieu abandonnait aux Dames de la Charité une partie de son immeuble; cette concession ne gênait ni ne lésait les Invalides. Du reste les Enfants-Trouvés n'y firent qu'un court séjour; l'air du plateau était trop vif pour eux, et une épidémie meurtrière obligea de les transporter ailleurs. Puis des dissentiments survenus entre les *Dames* et les *Filles de Charité* (ces dernières chargées de tout le travail), ne furent point étrangers à ce transfert; chaque jour celles-ci étaient obligées de descendre à Gentilly entendre la messe. Défense leur était faite d'assister à celle qui se disait à Bicêtre (1). — Le service ainsi organisé devenait trop pénible, aussi Mlle Legras, leur directrice, pria-t-elle saint Vincent de Paul de remédier à un tel état de choses. Les Enfants-Trouvés furent déplacés et mis dans une vaste maison du faubourg Saint-Denis (1648).

Presque aussitôt après leur départ, Bicêtre eut des hôtes autrement incommodes. A plusieurs reprises les Frondeurs vinrent occuper le château, y commirent des déprédations et en démolirent une grande partie; non contents de ces dégâts matériels, ils voulurent entraîner ces vieux soldats à la révolte. Mais conseillés par leurs trois administrateurs, deux prêtres de haute naissance et un maréchal de France, ils ne désertèrent pas la cause royale (2).

Jusqu'au jour où Bicêtre fera partie de l'Hôpital-Général, les soldats estropiés continueront à y trouver un asile et même ce ne sera pas sans peine qu'ils s'en iront, lorsqu'on les remplacera en 1656 par les pauvres mendiants et vagabonds.

(1) Abbé MAYNARD. *Vie de saint Vincent de Paul.*
(2) Bibliothèque Carnavalet. *Mazarinades* n° 3293.

CHAPITRE II

L'Hôpital-Général.

Son organisation et son administration. — Ses revenus fixes et casuels. — Les grandes maisons : La Pitié, la Salpêtrière, la boulangerie de Scipion et les moulins de Corbeil. — Les petites maisons : Les Enfants-Trouvés, la Couche et l'Hôpital du Faubourg St-Antoine, les Enfants-Rouges, le Saint-Esprit, le Refuge de Ste-Pélagie.

Quo... .ie nous ne fassions pas actuellement l'histoire de l'Hôpital-Général, il nous semble indispensable, avant de parler de Bicêtre, de décrire brièvement l'organisation de cet immense établissement hospitalier.

Fondé par un édit d'avril 1656, l'Hôpital-Général n'était autre chose que la réunion, sous un nom générique, de plusieurs hôpitaux, où étaient recueillis les pauvres valides et infirmes de la ville et de la vicomté de Paris. Il avait à sa charge plus du quart de tous les mendiants de la France ; huit cents villes et villages avaient le droit d'y envoyer leurs indigents ; les insensés, les épileptiques et les incurables y étaient admis de toutes les provinces.

Son administration se composait de vingt-six administrateurs et de deux chefs-directeurs, le premier président et le procureur-général du Parlement, à qui on adjoignit comme chefs-directeurs en 1676 l'archevêque de Paris, et en 1690 les premiers présidents de la Cour des comptes et de la Cour des aides, le lieutenant de police et le prévôt des marchands.

Les administrateurs étaient nommés à vie et le recrutement s'en faisait, lorsqu'une place devenait vacante, à l'élection. Ce fut même là une des causes qui faillirent amener en 1749 la ruine de l'Hôpital-Général. L'archevêque Christophe de Beaumont voulant en être le maître absolu obtint de la faiblesse royale une *Déclaration* (24 mars 1751) qui en bouleversait toute l'organisation. Les anciens administrateurs étaient congédiés et remplacés par douze de ses créatures. Le Parlement prit fait et cause pour les expulsés et refusa l'*enregistrement* de l'acte royal; deux lettres de *Jussion* lui furent envoyées le 16 août et le 5 septembre 1751. Comme il ne consentit point à obéir, il fut exilé. Les choses n'en allèrent que de mal en pis. Louis XV reconnut enfin qu'il avait eu tort d'écouter le fougueux prélat — il avait même dû sur ces entrefaites lui enjoindre d'aller en villégiature forcée à Conflans puis à la Trappe — et il rapporta le 15 mars 1758, sa *Déclaration*.

Les chefs-directeurs et les administrateurs se réunissaient habituellement deux fois par semaine, soit à l'archevêché, soit à la Pitié, où était établi le bureau général. Les commissaires, délégués dans les différentes Maisons, faisaient leurs rapports; les décisions s'y prenaient à la pluralité des suffrages. Les recettes se versaient à la caisse générale, qui se trouvait à l'hôpital du St-Esprit et qui était ouverte pour les paiements le mercredi et le samedi. Un receveur-charitable était chargé de toute la comptabilité. Un greffier enregistrait et expédiait à qui de droit les délibérations prises par le bureau. Un avocat au Parlement, un autre aux Conseils, un notaire et un procureur au Châtelet, un procureur au Parlement et un huissier s'occupaient spécialement des affaires litigieuses.

Un médecin, non résident, un chirurgien en chef à la Pitié, des chirurgiens gagnant maîtrise, attachés aux divers hôpitaux, un apothicaire en chef à la Salpêtrière et des apothicaires gagnant maîtrise dans chacune des deux autres Grandes Maisons étaient à la tête du service de santé.

Un architecte veillait à l'entretien des bâtiments.

Une vingtaine de prêtres, distribués dans les diverses Maisons, et commandés par l'un d'entre eux, appelé Recteur, qui habitait à la Salpêtrière, avaient mission de donner les secours spirituels.

L'Hôpital-Général nourrissait et secourait journellement à peu près treize mille pauvres, enfants, vieillards ou infirmes, et quatorze cents prisonniers, envoyés par les tribunaux.

Comme depuis 1670 l'Hôpital des Enfants-Trouvés lui avait été adjoint, il fallait compter en plus quinze mille enfants, tant à Paris, qu'en nourrice, en sevrage ou en pension à la campagne. Il est vrai que ce dernier établissement avait des rentes particulières, qui dépassaient un million de livres, et on ne lui fournissait gratuitement que les vivres.

Au moment de la Révolution les revenus de l'Hôpital-Général s'élevaient à 3,548,189 livres et ceux des Enfants Trouvés à 1,145,019 livres. Ils se décomposaient ainsi :

Revenus fixes.

Rentes sur l'Hôtel-de-Ville (aides et gabelles).

»   l'ancien et le nouveau clergé.

»   les postes.

»   les tailles.

»   le domaine de la Ville.

»   les États de Bretagne.

»   les États du Languedoc.

»   la Généralité de Bourgogne.

»   la Généralité de Champagne.

»   la Généralité de Soissons.

»   des particuliers.

Loyers de quelques maisons, situées rue du Bacq et derrière la Pitié.

Augmentation de gages.

Anciens vingt sols par muid de vin.

Droits de cinq sols par minot de sel.

Droits sur les carrosses.

Remises sur le pied-fourché.

Droits d'inspecteurs aux boucheries.

Droits de loges à la Halle aux vins (et sur l'étape de la place de Grèves).

Revenus casuels.

Droits de vingtième aux entrées et de quarante-cinq sols par muid de vin.

Droits de cinq sols par cent de foin.

Droits sur l'Opéra.

»   la Comédie Française.

»   la Comédie Italienne.

»   la Foire Saint-Germain } Spectacles forains.

»   la Foire Saint-Laurent. }

»   les Arts et Métiers.

Aumônes à la réception des officiers de quelques cours.

Enregistrement des Lettres-Patentes à la Cour des Aides.

Recettes par les économes.

Legs et aumônes sans charges (1).

Cette liste quoique longue, est incomplète, il faut y ajouter différents droits sur les cartes à jouer, sur les réceptions aux Maîtrises, le produit des loteries et les bénéfices du Mont-de-Piété. Cet établissement, fondé en 1777, était une dépendance de l'Hôpital-Général, administrée par lui. Le tiers des biens des individus tués en duel, les legs faits aux pauvres sans désignation et certaines confiscations lui étaient également attribués.

En outre on lui avait accordé la franchise tant à Paris que dans tout le royaume des droits sur les consommations et sur tous les objets dont il faisait usage. Cette faveur se chiffrait annuellement par une somme si considérable qu'une indemnité de trois cent huit mille livres lui fût donnée, à titre de compensation, sur le Trésor royal, lorsque le 3 juin 1788 un arrêt du Conseil d'État lui supprima les exemptions des droits d'entrée à Paris.

Maisons de l'Hôpital-Général.

L'Hôpital-Général était constitué par la réunion de divers hôpitaux, désignés sous le nom de Grandes et Petites Maisons.

Les premières, établies par l'édit d'avril 1656, se composaient de la Pitié, de la Salpêtrière, de Bicêtre et de Scipion.

Les deuxièmes, réunies ultérieurement à son administration, comprenaient les hôpitaux des Enfants-Trouvés, des Enfants-Rouges, du Saint-Esprit, de Vaugirard et le Refuge de Sainte-Pélagie.

La Pitié.

La Pitié, appelée primitivement le Bon-Port, était l'hôpital du Faubourg Saint-Victor, dont parle Du Breul, et où furent placés les pauvres, enfermés par l'édit d'août 1612.

Sous le nom de Notre-Dame de la Pitié cette maison devint le principal manoir de l'Hôpital-Général, c'était là où se faisaient toutes les

(1) *Collection Joly de Fleury* : N° 1,233.

significations, où se tenait le Bureau tous les lundis, où se trouvaient les magasins de toutes les marchandises et de toutes les denrées.

On y recevait les petits garçons à partir de cinq ans jusqu'à douze ans Il suffisait que leurs parents, domiciliés à Paris, présentassent un certificat d'indigence du curé de leur paroisse. On les gardait jusqu'à ce qu'ils fussent en état d'apprendre un métier; ou on les envoyait travailler à la pépinière royale de la Rochette (près Melun). On ne les laissait point inactifs : on leur enseignait à lire et à écrire et à calculer. Les enfants galeux et scrofuleux y étaient également admis. La population s'en élevait à quatorze cents.

La Salpêtrière.

La Salpêtrière servait d'asile aux filles, et aux femmes de tous âges, valides, infirmes, paralytiques, épileptiques et folles. Il y avait plusieurs dortoirs pour les enfants : un pour ceux à la mamelle et un autre pour les plus âgés. Lorsque les petites filles pouvaient travailler, on les occupait à faire de la tapisserie, de la dentelle, de la broderie et de la lingerie. Dans l'enceinte se trouvaient dans un endroit séparé une maison de Force pour les femmes et une autre de Correction pour les jeunes filles, détenues jusqu'à leur majorité soit sur la demande des parents, soit par suite de condamnation. Les femmes enceintes pouvaient s'y retirer jusqu'au moment où elles allaient accoucher à l'Hôtel-Dieu, puis elles revenaient y nourrir leurs enfants. Si elles n'avaient pas les moyens pécuniaires pour les élever, l'Hôpital s'en chargeait. Enfin un bâtiment spécial y était réservé pour cent pauvres ménages. La Salpêtrière était ordinairement peuplée de quatre à cinq mille personnes.

Scipion. — Les Moulins de Corbeil.

Cet Hôtel (boulangerie actuelle de l'Assistance publique) fut construit sous le règne de François Ier, et acheté plus tard (1) par le Lucquois Scipion Sardini, banquier attitré des derniers Valois. Nous ne savons par suite de quels événements la fastueuse demeure du richis-

(1) *Bibl. Nationale.* Manuscrit 11,364, p. 307.

sime époux d'Isabelle de Limeuil (1) fut louée par les administrateurs des premiers *Hopitaux des Pauvres Renfermez*. Quoique les auteurs ne soient pas d'accord sur la date de cette transformation, (la Tynna et Piganiol de la Force disent que ce fut en 1633, Lazare en 1622), il est probable que dès 1612 on y mit les mendiants, puisqu'en 1614 les sergents de l'Hôpital Scipion pourchassent et arrêtent dans les rues les vagabonds (2). En 1639 cet hôtel fut acheté par les administrateurs des Hôpitaux des Pauvres Enfermés.

En 1656, cette maison devint, sous le vocable de sainte Marthe de Scipion, un des membres de l'Hôpital-Général. On s'en servit pour donner asile aux femmes enceintes en attendant qu'elles fussent arrivées au terme de leur grossesse pour aller accoucher à l'Hôtel-Dieu, où elles n'étaient point reçues avant le huitième mois. En 1675, on y transporta la boulangerie de l'Hôpital-Général qui se trouvait auparavant à la Salpêtrière. A partir de cette époque, Scipion ne fut plus que le dépôt général des vivres, le centre commun d'où partaient tous les jours le pain et la viande que l'on consommait dans tous les établissements de l'Hôpital-Général. Il y avait également une fabrique de chandelles.

Pendant longtemps on acheta le blé au fur et à mesure des besoins, ce qui n'était point sans avoir de graves inconvénients, lorsqu'une hausse subite se produisait. En 1769, les administrateurs de l'Hôpital-Général achetèrent la manufacture de buffle, les moulins et le château de Corbeil pour cinquante mille livres et une rente annuelle de dix-huit cents livres au duc de Villeroy, engagiste du château, et se trouvèrent ainsi propriétaires des moulins, situés au confluent de la Seine et de la rivière d'Etampes (l'Essonne). Mais il fallait trouver des grains à moudre. Les marchés de Corbeil, qui jadis étaient très fréquentés, avaient perdu toute leur importance, soit à cause du droit de minage trop élevé, perçu par l'Ordre de Malte (ce droit était du quarante-huitième du prix de vente), soit à cause de l'espace trop resserré où ils se tenaient. L'Hôpital-Général, d'accord avec la municipalité, fit bâtir par Viel, son architecte, sur la place des Récollets,

(1) DUC D'AUMALE. *Histoire des princes de Condé.* — DRUMONT. *Mon vieux Paris.*

(2) EDOUARD FOURNIER. *Variétés historiques et littéraires. La vraie pronostication de Maistre Gonnin pour les mal mariez.* — Paris, chez Alexandre Nicolas, 1614. Tome V, 221.

de nouvelles Halles, et eut droit de prélever deux sols par septier, entrant en halles et un sol par mois d'emmagasinage. L'Ordre de Malte, qui avait tout intérêt à voir renaître l'ancienne prospérité, réduisit sa redevance au cent quarante-quatrième. Les nouveaux bâtiments furent livrés au public le 16 novembre 1784. La date des marchés fut changée ; celui du vendredi, qui avait lieu le même jour que celui de Brie-Comte-Robert, bourgade peu distante, fut mis au jeudi pour la commodité des fermiers (1). Grâce à ces mesures, le blé afflua à Corbeil.

Quelque dispendieuse qu'ait été cette grande installation, l'Hôpital-Général y trouva une grande économie ; car il ne fut plus soumis aux fluctuations de la hausse et de la baisse et il put toujours avoir en réserve quinze mois d'approvisionnements. Enfin ses frais de transport étaient notablement diminués ; les bateaux, chargés de farines dans les moulins mêmes de Corbeil, descendaient la Seine jusqu'au pont de la Gare, au-dessus de la Salpêtrière et le trajet pour se rendre de là à Scipion était fort court.

Pour fournir aux besoins de l'Hôpital-Général il fallait chaque année dix-huit cents muids de blé, dix-huit cents bœufs, huit cents veaux et six mille moutons (2).

Les Enfants-Trouvés.

Dès les premiers siècles, les évêques de Paris et le chapitre de Notre-Dame se chargèrent de faire élever les nouveau-nés exposés, désavoués ou délaissés. Puis l'usage s'établit de déposer ces enfants sous le porche de la cathédrale ou sur les marches de St-Jean-le-Rond. Par mesure de charité et de prévoyance l'autorité ecclésiastique fit placer dans l'intérieur de Notre-Dame des berceaux où les mères sans ressources les abandonnaient. Pour exciter la générosité des fidèles il y avait à l'entrée de la grande nef un immense lit, scellé au pavé, sur lequel aux jours de fêtes solennelles, on avait soin de mettre quelques enfants trouvés et à côté se tenaient les nourrices un plateau à la main pour recevoir les offrandes du public.

(1) *Code de l'Hôpital-Général*, p. 243 à 258.
(2) Le muid de blé équivaut à 1875 litres, ce qui faisait 33,750 hectolitres.

En 1552 fut fondé pour eux un hôpital, au port St-Landry, dans une ruelle, descendant à la Seine (1). La même année, l'évêque Eustache du Bellay, imposa aux seize seigneurs ecclésiastiques, justiciers de Paris, l'obligation de payer pour leur entretien une rente annuelle de neuf cent soixante livres tournois.

Mais avec l'accroissement continuel de la population cet hôpital se trouva bientôt trop petit, et les ressources insuffisantes. Un grand homme de bien, saint Vincent de Paul, prit à cœur de continuer l'œuvre d'Eustache du Bellay; avec l'aide de mademoiselle Legras il organisa la Société des Dames et des Filles de Charité, qui avait pour mission de secourir et d'élever tous les nouveau-nés abandonnés.

En 1638, on loua une maison au faubourg St-Victor, où un certain nombre d'enfants furent recueillis. Cette entreprise charitable eut d'immenses difficultés à vaincre; car l'argent manquait sans cesse. Pourtant saint Vincent de Paul sut intéresser à la cause de ces déshérités les plus grands personnages. En 1642, Louis XIII leur accorde quatre mille livres sur le domaine de Gonesse : l'année suivante la régente Anne d'Autriche leur fait don du château de Bicêtre; seulement elle avait oublié que la commanderie de St-Louis y était établie. Comme les soldats invalides ne voulurent point céder la place, on fut obligé de louer pour les Enfants Trouvés (22 août 1645) treize maisons situées au faubourg St-Denis, dans l'enclos St-Laurent. Aucun document ne nous apprend s'ils s'y installèrent aussitôt. Anne de Beaulieu, directeur de la commanderie de St-Louis, à force de sollicitations consentit en 1647 à mettre à leur disposition une partie du château de Bicêtre ; mais leur séjour sur le plateau de Gentilly ne fut que de courte durée, et l'année suivante ils venaient demeurer faubourg St-Denis dans le local loué précédemment (2). Louis XIV ou plutôt la régente leur avait donné en 1644 huit mille livres à prendre sur les *cinq grosses fermes*. Les Dames de Charité se firent encore octroyer par Lettres Patentes en 1653 le parc de la Salpêtrière, pour y construire un hôpital pour les Enfants Trouvés : elles ne profitèrent point de cette donation et préférèrent rester jusqu'à nouvel ordre dans l'enclos St-Laurent (3).

(1) HEUZEY. *Curiosités de la Cité.* — JAILLOT. T. I (la Cité).
(2) *Inventaire des Archives hospitalières* : Enfants trouvés, t. III, p. 288 à 328.
(3) *Idem.*

Le Parlement par un arrêt du 3 mai 1667 convertit en une rente de quinze mille livres la charge qui incombait aux seigneurs haut-justiciers de prendre soin des enfants, exposés dans l'étendue de leur haute justice.

Cet établissement des Enfants Trouvés n'eut d'existence légale qu'au mois de juin 1670, époque où le roi par un édit lui permit d'agir, contracter, vendre, aliéner, acheter, acquérir, comparoir en jugement, et y procéder et faire tous les actes dont les hôpitaux étaient capables. En même temps il était réuni à l'Hôpital Général, sous la direction spéciale du Premier Président et du Procureur Général et de quatre administrateurs, choisis parmi les vingt-six de l'Hôpital Général et nommés pour trois ans. Les revenus des deux maisons ne furent point confondus.

La Couche.

L'hôpital de la Couche, situé en face Notre-Dame, servait avant 1670 de lieu de réunion aux Dames de Charité. Les administrateurs des Enfants-Trouvés pensèrent qu'ils exciteraient davantage la générosité, s'ils avaient un établissement près la cathédrale où ils exposeraient les orphelins aux yeux du public. Aussi en 1672 ils louèrent (1) près de l'Hôtel-Dieu trois maisons, placées rues St-Christophe, de Venise, de Colombes et Neuve-Notre-Dame, y firent exécuter quelques réparations et malgré les protestations des marguilliers des douze églises de la Cité y construisirent une petite chapelle, inaugurée en 1676 par la duchesse de Luynes, au nom de la reine Marie-Thérèse. La plaque commémorative, trouvée plus tard, en fait foi.

Les choses restèrent en cet état jusqu'en 1745. On songea alors à agrandir cet hôpital. On acheta à l'Hôtel-Dieu six maisons, situées rues de Venise, de la Huchette, et Neuve-de-Notre-Dame, et deux autres rue St-Christophe, qui appartenaient aux Célestins et à la Confrérie de Notre-Dame ; les églises St-Christophe et Ste-Geneviève des Ardents furent désaffectées et leurs prébendes réunies à celle de la Madeleine (1). A leur lieux et place on résolut d'installer le nouvel hospice des Enfants Trouvés. Boffrand fut chargé des travaux ; la première pierre de la chapelle fut posée le 26 septembre 1746 au nom de la reine Marie-Leczinska.

(1) *Inventaire des Archives hospitalières* : Enfants trouvés.

La Couche n'était qu'un dépôt destiné à recevoir les enfants exposés ou abandonnés ; ils n'y séjournaient que le temps nécessaire pour laisser voir s'ils pouvaient sans danger être envoyés en nourrice. On y acceptait les nouveau-nés en tout temps et à toute heure du jour et de la nuit. La seule formalité exigée consistait en un certificat de constat du lieu, du jour et de l'heure où l'enfant avait été trouvé. Les entrées, qui au début étaient annuellement de cinq cents, atteignirent vers le milieu du dix-huitième siècle le nombre de cinq mille. Il en venait, il est vrai, non seulement de Paris et de sa banlieue, mais de toutes les provinces et principalement de la Picardie, de la Bourgogne et de la Champagne et même de l'étranger.

Vingt-deux individus, appelés meneurs, les portaient en nourrice à la campagne. La pension jusqu'à dix-huit mois était mensuellement de cinq livres.

Des inspectrices faisaient plusieurs fois par an des tournées dans les provinces pour se rendre compte, si les nourrices leur donnaient bien les soins nécessaires. Les curés recevaient une petite indemnité de l'administration pour les surveiller et ils étaient priés de prévenir les directeurs aussitôt qu'ils s'apercevaient de quelque négligence ; les chirurgiens de la contrée devaient également s'en occuper.

De 1670 à 1791 deux cent soixante-dix-huit mille sept trente-neuf admissions furent faites à la Couche (1).

Il y avait dans cet hôpital à l'état permanent quatre-vingt-dix-huit berceaux, huit à dix nourrices et vingt-deux sœurs grises. Chaque jour les entrées variaient de dix à vingt. Cinquante petits garçons et vingt petites filles y restaient à demeure pour aller quêter dans les églises aux jours de fêtes.

La Couche conserva sa destination première jusqu'en l'an III ; alors les petits orphelins furent placés au Val-de-Grâce, puis bientôt après à l'abbaye des Bénédictines de Port-Royal et à l'Institut de l'Oratoire, rue d'Enfer. A la Couche on installa d'abord la Pharmacie centrale des hôpitaux, jusqu'à ce qu'on la transférât définitivement à l'ancien couvent des Miramionnes, quai de la Tournelle, et plus tard on y mit le Bureau central (2).

(1) État des admissions de l'hospice des Enfants-Trouvés de Paris de 1640 à 1791. (*Extrait du compte rendu de l'Administration du département de la Seine pendant l'année 1833.*)

(2) POIROT. *Notice sur l'hospice de la Maternité*, an IX.

Aujourd'hui que reste-t-il de cette maison ? Rien. L'immense place Notre-Dame l'a entièrement fait disparaitre.

Hôpital du Faubourg St-Antoine.

En 1674 la maison principale des Enfants-Trouvés, qui depuis seize ans était établie faubourg St-Denis, fut transportée au faubourg St-Antoine (hôpital Trousseau actuel). Mme Elisabeth d'Aligre, le vaniteux Malon, seigneur de Bercy et le charitable conseiller de Bellecourt firent construire à leurs frais une grande partie des bâtiments (1).

Cet hospice servait d'asile aux Enfants Trouvés à leur retour de nourrice. Les petits garçons et les petites filles y avaient chacun des pavillons séparés; on les gardait depuis cinq ans jusqu'à vingt ans.

Le plus souvent on les plaçait comme ouvriers chez des artisans; ou on les occupait dans les ateliers de la maison à des travaux peu fatigants et propres à leur âge. Comme il n'y avait place au faubourg St-Antoine que pour trois ou quatre cents d'entre eux, on en envoyait beaucoup à la Salpêtrière et à la Pitié.

Il ne faut point oublier aussi que la plupart restaient à la campagne chez leurs nourrices, qui touchaient quarante livres par an pour les garder chez elles, jusqu'à ce qu'ils eussent atteints leur seizième année.

On n'avait qu'à se louer de cette manière de procéder, car tous ceux, placés ainsi, devenaient d'excellents travailleurs et formaient plus tard souche d'honnêtes gens.

Les Enfants-Rouges.

Il existe parmi les historiens de Paris une grande divergence d'opinions sur la date de fondation de cet hôpital. Boisseau prétend que ce fut en 1533, Jaillot en 1534, Lebeuf en 1536, Corrozet et Sauval en 1538, Germain Brice en 1554 et Delamare en 1564. Ne voulant pas essayer de concilier tous ces renseignements opposés, nous nous contenterons d'exposer les faits sans commentaire.

Voici quels motifs militèrent pour l'institution de cette nouvelle

(1) *Inventaire des Archives hospitalières* : Enfants trouvés.

maison charitable. De tout temps les indigents des villages de la banlieue de Paris et des pays environnants avaient été soignés à l'Hôtel-Dieu, où on les recevait avec leurs enfants en bas-âge. Venaient-ils à mourir, on y gardait leurs orphelins. « Mais n'estans « nettoyez, pensez, couchez comme le bas aage le requiert et aussi « infectez du mauvais air, il ne s'en trouvait pas un qui vécut aage « d'homme » (1).

Sur les plaintes des maitres-gouverneurs de l'Hôtel-Dieu, François Ier chargea (2) le 14 juillet 1531 Pierre Lizet, premier président du Parlement et Jean Briçonnet, président de la Cour des comptes et d'autres magistrats de faire une enquête à ce sujet. Effrayés de ce qu'ils virent à l'Hôtel-Dieu, ils prièrent la reine Marguerite de Navarre, sœur du roi, de visiter à son tour cet hôpital : cette princesse émue de compassion par le lamentable spectacle, qu'offraient ces enfants, voués à une mort certaine, en traça à son frère un tableau tellement navrant que celui-ci le 31 janvier 1534 prenait un arrêté ainsi conçu : « Il est fondé un hôpital pour les pauvres petits enfans qui ont esté « et seront dores en avant trouvez orphelins dans l'Hostel-Dieu, fors « et exceptez ceux qui sont orphelins natifs et baptisez à Paris et « fauxbourgs que l'hôpital du St-Esprit doit prendre et les batards « que les doyen et chanoines du chapitre Notre-Dame ont accoutume « de recevoir et nourrir pour l'amour de Dieu... Lesdits enfans seront « habillez et vestus de robes et vestemens de drap rouge en signe de « charité et appelez Enfans-Dieu » (3).

Le 24 juillet 1535 Robert de Beauvais, délégué par le président Jean Briçonnet, achetait, pour y installer les Enfants-Dieu, de Simon Machault et Denys Picot une maison, située en face le prieuré du Temple (4), au milieu des jardins maraichers de la culture Ste-Catherine. Plus tard des rues se perceront dans ce quartier pour lors presque inhabité et l'hôpital se trouvera enclavé entre les rues de la Corderie, de Beauce, Portefoin et des Enfants-Rouges. Jaillot prétend que déjà en 1282 il existait dans ces parages une rue de la Poulie.

(1) MALINGRE. *Antiquités de la Ville de Paris*, p. 635.
(2) *Inventaire des Archives hospitalières* : Enfants-Rouges, t. III, p. 281, n° 1.
(3) DU BREUL. *Antiquités de Paris*, p. 745.
(4) *Histoire de la ville de Paris*, par l'abbé LEBEUF. Édition Cocheris. t. II, p. 489.

A cause de leur costume on prit l'habitude de les appeler les Enfants rouges et ce nom prévalut sur celui d'Enfants-Dieu.

Le 23 janvier 1539 cet hôpital fut réuni à celui du St-Esprit, mais cette union ne fut jamais effectuée (1); il en fut de même en 1554 ou 1556 lorsque Henri II par Lettres Patentes voulut faire un seul établissement des Enfants-Rouges, du St-Esprit et de la Trinité (2). Ces trois maisons restèrent toujours indépendantes les unes des autres.

Pourtant en 1576 Nicolas Houël obtint d'Henri III l'autorisation d'établir aux Enfants-Rouges sa *Charité chrétienne,* « destinée à élever quelques orphelins dans la piété, les belles lettres et l'apothicairerie pour livrer gratuitement aux indigents des remèdes ». Les bâtiments étaient assez vastes pour que ces deux œuvres, protectrices de l'enfance, ne se nuisissent pas. En 1578, Houël déménageait, laissait le local à ses premiers possesseurs et allait s'installer à l'hôpital de Lourcine, faubourg St-Marcel.

Enfin le 23 mars 1680 l'hospice des Enfants-Rouges fut réuni irrévocablement à l'Hôpital-Général ou plutôt aux Enfants-Trouvés. Les conditions d'admission furent modifiées. L'enfant dut alors être parisien, orphelin, né de légitime mariage, âgé d'au moins six ans et fils d'artisan. A son entrée on devait verser pour lui à l'administration quarante et une livres, qui lui étaient remises à sa sortie en linge et en habits (3).

Leur nombre était limité à soixante. Neuf sœurs leur donnaient les soins matériels; quatre ecclésiastiques outre l'enseignement religieux leur apprenaient à lire, à écrire et à compter; plus tard on les mettait en apprentissage chez un maître artisan. Il n'y avait que des garçons.

Les administrateurs de l'Hôpital-Général, qui chaque année étaient obligés de donner une dizaine de mille livres pour parfaire la différence entre les recettes et les dépenses de cet établissement, obtinrent en 1772 l'autorisation de le supprimer et d'en mettre les petits pensionnaires aux Enfants-Trouvés (4) du faubourg St-Antoine.

En 1776 les sieurs Laisné et Charles Mouffle achetèrent une partie

(1) *Inventaire des Archives hospitalières,* t. III.
(2) *Inventaire des Archives hospitalières.* La Trinité, t. III, p. 212, n° 12. St-Esprit, p. 189, n° 63.
(3) ALLETZ. *Tableau de l'humanité.*
(4) *Inventaire des Archives hospitalières :* Enfants-Rouges, n° 10.

de l'immeuble et l'année suivante les prêtres de la Doctrine Chrétienne ou de St-Julien des Ménétriers devinrent possesseurs de l'église et de ce qui restait à vendre. L'église d'après les témoignages des contemporains était fort belle, et les fidèles venaient y adorer un morceau de la vraie croix. Par mandement l'archevêque Christophe de Beaumont en avait certifié l'authenticité et avait accordé l'autorisation de l'exposer à la vénération du diocèse (1). Ce qui n'était point sans vivement mécontenter les curés des paroisses voisines et surtout celui de St-Nicolas-des-Champs. Le grand-prieur du Temple, dans la censive duquel était bâti l'hôpital, dut s'interposer et faire cesser toutes ces discussions.

Aujourd'hui il ne reste rien de cette maison ; un marché portant le même nom subsiste seul pour en rappeler le souvenir.

En 1790, les prêtres de la Doctrine Chrétienne furent expulsés de leur couvent ; le 15 avril 1796 les bâtiments et la chapelle furent vendus. Malheureusement on ne songea pas à en conserver les beaux vitraux, qui avaient fait l'admiration de Du Breul (2).

Où fut l'hôpital des Enfants-Rouges passe la rue des Archives.

Le Saint-Esprit.

L'hôpital du Saint-Esprit fut fondé en 1362 par de charitables bourgeois parisiens, sous le haut patronage de l'évêque Jean de Meulan, pour les orphelins des deux sexes.

Pendant une année ces enfants furent mis dans une maison de la rue de l'Arbre-Sec (3). On les installa (13 juillet 1363) place de Grève dans un hôtel contigu à la maison aux Grands Piliers.

Louis XIV, le même jour qu'il réunissait à l'Hôpital-Général les Enfant-Rouges, prenait une semblable mesure à l'égard du St-Esprit.

Pour y être admis il fallut dès lors être : 1° né de légitime mariage, 2° né et baptisé à Paris ; 3° orphelin ; 4° fils de maître dans un métier ; 5° âgé (garçons et filles d'au moins trois ans, les premiers reçus jusqu'à sept ans et les secondes jusqu'à huit) ; 6° exempt de toute infirmité.

(1) *Inventaire des Archives hospitalières*, n° 24.
(2) COCHERIS, *Loc. cit.*
(3) *Bibliothèque nationale.* Manuscrit. Hôpital du St-Esprit.

Le droit d'entrée était relativement élevé. Suivant les époques il varia de cent cinquante à deux cent quarante livres. Aussi à cause de cette cotisation assez forte bien souvent les cent vingt places de l'hôpital n'étaient point toutes occupées.

Les enfants y étaient beaucoup mieux soignés, nourris, logés et habillés que dans les autres hospices de la capitale. Ce qu'il est facile de comprendre en sachant que le St-Esprit avait un revenu de plus de cent mille livres.

Deux commissaires, membres de l'Hôpital-Général, administraient la maison, dont le personnel se composait de 13 sœurs laïques, 20 maîtres, sous-maîtres et gens de service et de 6 prêtres (leur supérieur portait le nom de ministre). Un receveur-économe était chargé de la comptabilité et tenait en même temps la caisse de l'Hôpital-Général.

Les enfants étaient habillés de bleu avec une coiffure tantôt rouge tantôt blanche. Au mois de janvier 1790 le bureau de la commune de Paris eut besoin des bâtiments du St-Esprit et prévint les commissaires qu'ils eussent à déménager rapidement et à aller s'installer dans le cloître des Bernardins près l'abbaye St-Victor. Cette translation ne fut que de courte durée, car l'hôpital du St-Esprit fut supprimé le 5 avril 1792. Les petits garçons furent mis à la Pitié et les petites filles à la Salpêtrière.

Après avoir servi tour à tour de caserne aux gardes nationaux, de bureau à la direction des domaines et de l'enregistrement et d'hôtel au préfet de la Seine, ce qui subsistait de l'ancien hôpital fut entièrement rasé en 1841. Aujourd'hui sur son emplacement s'élève la magnifique aile de l'Hôtel-de-Ville, qui donne sur la place de ce nom et sur les rues de Rivoli et Lobau.

Sainte-Pélagie.

La maison de Ste-Pélagie faisait également partie de l'Hôpital-Général, mais elle avait un budget spécial. Le seul avantage, qu'elle retirât de cette union, consistait à pouvoir se procurer à Scipion et aux magasins de la Pitié, ce dont elle avait besoin, au prix de revient.

Bien avant l'Hôpital-Général, il existait à la Pitié un quartier spécial appelé le Refuge du Bon Secours, où l'on enfermait les filles et les femmes débauchées. Les administrateurs, l'ayant supprimé en 1657 pour y mettre leurs pauvres, furent obligés par Lettres Patentes d'avril 1665 de le réinstaller.

Ils ne furent point embarrassés, pour trouver un local pour les mettre, grâce à la générosité de Mlle Marie de Sita, veuve de Jacques Viole, conseiller au Châtelet, qui leur avait donné le 18 juin 1664 trois maisons : l'une située rue du Faubourg-St-Victor (rue Geoffroy-St-Hilaire), et enclavée dans la Pitié, la seconde contiguë et la troisième placée rue Françoise (rue Puits-l'Hermite), qui alors se prolongeait jusqu'en face le Jardin du Roi.

Ce refuge était ouvert non seulement aux filles débauchées, mais encore aux femmes, qui, lasses d'une vie agitée, voulaient se retirer loin du monde. Les premières étaient appelées *filles de force* et les secondes *filles de bonne volonté*.

Lorsque les administrateurs eurent besoin de ces bâtiments, ils achetèrent pour y transporter le Refuge trois maisons voisines, l'une connue sous le nom d'hôtel Jaume (rue de la Clef) et les deux autres rue Françoise (18 août 1672). Pour des motifs que nous ignorons, ce projet ne fut point exécuté de suite. Le transfert des recluses n'eut lieu qu'en 1681 (1).

Leur nouveau local était beaucoup plus vaste que l'ancien. On le mit sous le vocable de Ste-Pélagie, la fameuse comédienne d'Antioche, qui après une jeunesse passée dans les plaisirs finit sa vie aux grottes du Mont des Oliviers.

Qu'il nous soit permis de relever une erreur, faite par tous ceux qui ont parlé de Ste-Pélagie, ils ont cru que sa fondation remontait à 1665. S'ils avaient consulté le Code de l'Hôpital-Général, ils auraient vu que la translation de la Pitié à la rue de la Clef n'eut lieu que 16 ans plus tard.

Les deux catégories de détenues payaient pension et étaient entièrement séparées. Les *filles de bonne volonté* se trouvaient habituellement au nombre de cinquante et celles de *force* de trente. Les dames de St-Thomas de Villeneuve avaient la direction de Ste-Pélagie, où elles tinrent même un pensionnat.

D'autres maisons firent également partie de l'Hôpital-Général, mais nous n'en parlerons point ici; soit parce qu'elles ne lui furent unies que peu de temps, comme l'hôpital des Teigneux du faubourg

(1) *Code de l'Hôpital-Général*, p. 389 à 401.

St-Germain, la Savonnerie de Chaillot et les neuf monastères suppri-
més en 1770 et dont les religieuses avaient été mises à la Crèche (rue
du Puits-l'Hermite) et confiées aux bons soins de l'Hôpital-Général;
soit parce que nous nous en occuperons ailleurs, tel est le cas de l'hôpital de Vaugirard.

Maintenant que nous avons donné un court aperçu de l'organisation et des différentes maisons de l'Hôpital-Général, notre travail
sur Bicêtre paraîtra, nous l'espérons, moins compliqué.

CHAPITRE III

Bicêtre : Administration. Personnel. Topographie.

Les vieux soldats expulsés de Bicêtre. Bicêtre donné à l'Hôpital Général. Description de cet hôpital. Administration, personnel; population ; classement en sept divisions ou emplois. Cantines. Églises et chapelles. — Les prêtres remplissent les fonctions de notaire et de curé de paroisse. Grand puits et grand égout.

La commanderie de St-Louis était installée depuis douze ans à peine à Bicêtre, lorsque Louis XIV détruisit l'œuvre de son prédécesseur au profit de l'Hôpital-Général.

Comme la Pitié, Scipion et la Savonnerie, formant les anciens hôpitaux des Pauvres enfermés, installés par l'édit d'août 1612, n'étaient plus assez vastes pour contenir tous les mendiants vagabonds, le roi y adjoignit la Salpêtrière et Bicêtre. Déjà quelques années auparavant, ce dernier château avait été donné à Saint Vincent de Paul pour y mettre les Enfants-Trouvés, mais ils n'y avaient habité qu'un an, et après leur départ les gentilshommes et les soldats invalides en étaient restés seuls possesseurs.

En 1656 ils durent abandonner ce plateau de Gentilly, où après toutes les fatigues de la guerre ils trouvaient une retraite bien méritée. Le lieutenant de Robe-Courte eut ordre de les enrôler et de les envoyer tenir garnison dans les villes frontières. Ce ne fut point sans protester qu'ils se décidèrent à partir; trois Ordonnances consécutives leur enjoignirent de déloger, enfin ils furent obligés de se soumettre et de céder la place aux Pauvres enfermés.

Par l'article IV de l'édit d'avril, la donation faite à l'Hôpital-Générale était irrévocable : « Lui octroyons, y était-il dit, ensemble les « maisons et emplacements de Bicêtre, circonstances et dépendan- « ces. » Les articles XXVIII et XXIX ainsi conçus la complétaient :

« Donnons tous les biens, droits, profits et émoluments tant en
« fonds ordinaires casuels et extraordinaires de quelque sorte et
« quelque titre qu'ils puissent estre deus,escheus et à écheoir, appar-
« tenans ou qui peuvent appartenir maintenant et cy-après à Bicê-
« tre ; appartiendront audit Hôpital-Général tous les meubles, lits,
« couvertures, paillasses, linges et ustensiles de ménage. »

Viel de St-Maux, le dernier architecte de l'Hôpital-Général, donne
les renseignements les plus exacts sur la topographie de Bicêtre à
cette époque.

« Les bâtiments, dit-il, qui occupent la façade principale au nord,
« avaient été construits en 1634 par Lemercier. Cent soixante ans
« s'écoulèrent avant qu'elle eût besoin de réparations (1).

« Le premier plan avait été construit sur des dimensions régu-
« lières, symétriques, de forme parallélogrammique de cent cin-
« quante toises sur les grands côtés et cent vingt sur les petits. Ses
« dispositions étaient les suivantes : Au nord, des avant-cours annon-
« cent la façade principale. sur cet axe existe le bâtiment isolé,
« qui, à l'origine, était l'entrée. La superficie totale couvrait dix-neuf
« mille quatre cents toises.

« Les deux autres pavillons du sud-est et du sud ouest sont isolés
« et semblent liés aux murs d'enceinte. Toutes ces parties ont été
« construites à l'origine de l'établissement.

« Le plan général de Bicêtre a éprouvé par la suite de grands chan-
« gements au couchant par l'accroissement de son enceinte et par
« les masses nombreuses de bâtiments qu'il renferme aujourd'hui
« de ce côté et qui ne sont nullement en concordance avec le pre-
« mier plan. Les attributions diverses et autres que les premières
« pour lesquelles ce plan avait été tracé et sa conversion en un hôpi-
« tal à l'usage des indigents, des fous, des prisonniers et des vénériens
« ont occasionné ces altérations. »

Après cette description nous ne signalerons point toutes les transformations et agrandissements faits à Bicêtre de 1657 à 1791. Nous
ne mentionnerons que les travaux exécutés en 1757 ; ce fut alors que
la porte d'entrée principale, qui regardait au nord, fut mise à la place
qu'elle occupe encore aujourd'hui.

Bicêtre en devenant asile de mendiànts fut consacré et voué à

---

(1) VIEL (Charles-François), *Principes et ordonnance de la construction*, t. IV,

Saint-Jean-Baptiste. L'on fit précéder son nom de celui de son patron, et on l'appela pendant quelque temps St-Jean-Baptiste de Bicêtre.

. Quatre et parfois six commissaires, membres de l'Hôpital-Général, régissaient tout l'établissement. Aucune mesure ne pouvait être prise sans leur assentiment; tous les vendredis ils tenaient bureau, se faisaient présenter les registres de la maison et décidaient tout ce qu'on devait faire dans le courant de la semaine. On allait les chercher et on les reconduisait à Paris en carrosse d'apparat.

Un économe, un sous-économe, un premier commis comptable, un second commis, secrétaire de l'économe, trois autres commis, trois surnuméraires, deux postulants surnuméraires, une sœur supérieure, et dix sœurs officières, laïques, sept prêtres, un capitaine et un lieutenant de la garde, un chirurgien gagnant maîtrise, un commis à la vente de l'eau-de vie et du tabac, un autre à celle du vin, deux compagnons en chirurgie, deux garçons apothicaires, un sommelier, un maître des enfants de chœur, un fourrier, un fournier et six élèves en chirurgie formaient le haut personnel de la maison et mangeaient au premier réfectoire, tous à la même heure et à la même table.

Le menu hebdomadaire du premier réfectoire était ainsi composé pour toute l'année : chaque jour cinq quarterons de pain blanc et cinq demi-septiers de vin ; les jours gras une livre de viande, dont une moitié était servie bouillie et l'autre rôtie ; trois entrées par semaine au diner et une salade au souper de ces mêmes jours ; le vendredi et le samedi au diner du poisson, morue, hareng ou saumon et un plat de légumes, au souper des légumes et trois œufs fricassés. Le carême était observé avec la plus grande rigueur, et personne dans l'hôpital ne s'en exemptait sans certificat du médecin. Pendant ce temps d'abstinence on donnait le dimanche et le jeudi du poisson frais avec des lentilles ou du riz; le lundi et le vendredi du hareng, des lentilles et des épinards ; le mardi et le samedi de la morue et du riz; le mercredi du saumon et des fèves. Aux collations des mendiants, de la salade, du fromage ou des pruneaux alternativement et presque toute l'année des fruits à chaque repas (1).

Dans les trois grandes maisons de l'Hôpital-Général le mode de direction différait. A la Salpêtrière la supérieure était seule directrice, l'économe remplissait les fonctions d'un simple commis greffier ; à

(1) *Collection Joly de Fleury*, n° 1220.

la Pitié ils se partageaient le pouvoir ; à Bicêtre l'économe était le
seul chef, les billets d'ordre pour l'entrée des pauvres, des vénériens,
des insensés et des enfants à la correction s'adressaient à lui, il tenait les registres administratifs de la maison, il avait la charge de
veiller particulièrement sur toutes les personnes détenues par lettres
de cachet, enfin il avait l'inspection sur les commis, les domestiques
et en général sur tous les hommes, employés à Bicêtre.

La supérieure avait le soin de tout ce qui regardait les pauvres et
la nourriture et pour y pourvoir elle présentait toutes les semaines
aux commissaires une feuille des aliments nécessaires à l'entretien
de l'hôpital ; elle avait l'inspection sur les sœurs officières, les gouvernantes et filles de service et veillait à ce qu'elles fissent bien leur
travail (1). Les officières devaient être âgées au moment de leur entrée
de vingt-cinq à trente ans, filles ou veuves sans enfant, d'une bonne
santé, d'une réputation intacte, et savoir lire, écrire et calculer.

Pendant longtemps il n'y eut qu'une seule supérieure pour les trois
grandes maisons de l'Hôpital-Général et elle choisissait les officières.
Du jour où chaque hôpital en eut une, ce droit fut réservé à celle de
la Salpêtrière.

A Bicêtre la supérieure nommait les sous-officières ou sous-gouvernantes, qu'elle prenait habituellement parmi ses filles de service.
Les officières vivaient en commun, elles se réunissaient tous les ma-
tins à cinq heures et demie chez la supérieure pour lui rendre compte
de ce qui s'était passé pendant la nuit dans les dortoirs ; après le
dîner et le souper elles revenaient faire leur rapport (2).

Souvent l'économe et la supérieure, qui auraient dû donner l'exem-
ple de la discipline, étaient les premiers à l'enfreindre ; ils avaient
l'un et l'autre à leur service personnel, domestiques, laquais, cochers,
voitures, tenaient table ouverte et s'étaient adjugés de leur propre
autorité des jardins potagers et de vastes appartements (3).

Trois cents employés d'un grade inférieur formaient le second réfectoire. Les officières et les sous-officières, appelées aussi gouvernantes et sous-gouvernantes, étaient chargées de la police des dor-

(1) *Collection Joly de Fleury*, n° 1220.
(2) *Ibid.*
(3) Réponse au mémoire de l'Hôpital-Général relativement à l'hôpital du
St-Esprit. *Coll. Joly de Fleury* n° 1248.

toirs, des soins de la cuisine, de la lingerie, de la buanderie et de la surveillance des jardins et de la basse-cour.

Des maîtres serrurier, menuisier, charron, peintre, maçon, maréchal ferrant, tonnelier et couvreur dirigeaient, sous le commandement du piqueur des bâtiments, tous les ateliers destinés à l'entretien de la maison.

Des portiers dressaient chaque matin la liste des Bons pauvres qui avaient obtenu l'autorisation de sortir, et veillaient à ce qu'ils fussent rentrés en hiver à quatre heures et en été à sept heures. Un facteur-boîtier allait chaque jour à Paris porter et chercher les lettres à la grande Poste (1).

Tous les employés étaient logés, nourris, et devaient être célibataires ou veufs sans enfant; par un règlement fidèlement observé les gens mariés ne pouvaient y occuper aucune fonction.

A la cuisine il y avait une officière, un maître cuisinier, un garde-magasin et un grand nombre de marmitons. Le pain et la viande étaient apportés chaque jour de Scipion ; la Pitié, où se trouvaient les magasins généraux, fournissait toutes les denrées.

Le nombre des habitants de Bicêtre alla presque toujours en augmentant, et surtout à partir du dix-huitième siècle, comme le montre le tableau ci-dessous :

ANNÉES	PERSONNES
1657. .	600
1661. .	1515
1662. .	1433
1663. .	1849 ou 1885
1666. .	1381
1701. .	1346
1726. .	2454
1779. .	3588
1780. .	3498
1781. .	3563
1782. .	3560
1783. .	3704
1789. .	3650 (2)

(1) PÈRE RICHARD. *Souvenirs de Bicêtre* (Manuscrit).
(2) Toutes les années avec le chiffre de leur population sont reproduites aux appendices, où nous donnons les documents, qui permettent de vérifier.

D'après ce tableau on voit que la population de Bicêtre au dix-septième siècle ne dépassa qu'exceptionnellement quinze cents personnes ; elle suivait les fluctuations de l'agglomération parisienne; mais lorsqu'au dix-huitième siècle, les vénériens et les prisonniers y furent admis, elle varia de 2,500 à 3,500. D'après le rapport de La Rochefoucauld, le 5 mai 1790 elle s'élevait à 3,874 habitants, parmi lesquels il y avait 769 employés. Les dépenses montaient à environ 850,000 livres et les recettes à une quarantaine. Ces dernières consistaient dans le produit des pensions payées par les Bons-pauvres et les prisonniers, dans la vente des lits et dans le bénéfice des cantines.

On avait formé sept divisions principales sous le nom d'*emplois* où étaient classés tous les habitants de Bicêtre.

1er emploi. — St-Joseph : Paralytiques, vénériens et prisonniers.

2e emploi. — St-Mayeul : Pauvres valides.

3e emploi. — St-Charles : Valides et correction.

4e emploi. — St-Guillaume : Valides.

5e emploi. — St-Pierre : Valides et infirmes.

6e emploi. — Bâtiment neuf : Gâteux, épileptiques, idiots.

7e emploi. — St-Prix : Les insensés.

Des pauvres valides et des infirmes, des pensionnaires et des indigents étaient mis indistinctement dans chaque emploi, dont le personnel se composait d'un gouverneur et d'autant de sous-gouverneurs, qu'il y avait de dortoirs, d'une officière et d'une sous-officière chargées de distribuer les vivres et de veiller à l'entretien du linge. Chaque emploi avait sa lingerie particulière.

L'hôpital faisait tenir à son compte des cantines où se vendaient par an 600 muids de vin (1) et 10 pipes d'eau-de-vie; ce dernier liquide n'était délivré que sur une carte signée de l'économe, et on n'en donnait qu'un demi-poisson par jour à chaque individu. Les fermiers généraux avaient permis d'ouvrir un bureau de tabac. Les administrateurs en établissant ces boutiques avaient voulu être agréables aux Bons pauvres, qui trouvaient là à meilleur marché qu'au dehors vin, tabac et eau-de-vie; et par la même occasion ils réalisaient un

(1) Le muid de vin équivaut à 268 litres, la pipe à 420 litres, le poisson à 0,116ᵐ.

bénéfice de 20,000 livres, qui servaient à payer une partie des appointements des employés.

Il n'était pas nécessaire de sortir de l'enceinte pour remplir ses devoirs religieux; car il y avait à Bicêtre même église et chapelles.

La première église fut celle qu'en 1634 Lemercier construisit à la hâte avec des ais de bateaux, elle subsista telle quelle jusqu'en 1668 ; à cette époque Levau, qui venait de se distinguer en élevant l'élégante coupole de la Salpêtrière, fut choisi pour en bâtir une autre plus grande et plus luxueuse. En 1743, lors de l'incendie qui causa à Bicêtre plus de 40,000 livres de perte, elle fut très endommagée. Grâce à la générosité de Brissac, évêque de Condom, le malheur fut rapidement réparé et l'année suivante ce prélat bénissait et consacrait une nouvelle église. C'est celle qui subsiste encore aujourd'hui. Sur l'une de ses trois cloches se trouvait cette inscription :

« Hospice de Bicêtre 1744. L'an 1744. J'ai été bénite par........ et
« nommée...... En présence de M. Henri de Besset, chevalier, seigneur
« de la Chapelle Millin, Jean-Baptiste, Pierre Lambert, correcteur
• des comptes, Alexandre Jean Remy, écuyer, ancien échevin de la
« ville de Paris et Denis François Benoist, conseiller au Chastelet, tous
« les quatre administrateurs de l'Hôpital-Général et commissaires de
• la maison de Bicêtre.

Louis Gaudiveau *ma* faite à Lieussaint » (1).

Il y avait en outre six chapelles, disséminées çà et là dans les divers emplois : 1º celle des vénériens ; 2º celle des grands et petits paralytiques; 3º celle de St-Pierre ; 4º celle du bâtiment neuf; 5º celle des salles de Force et de l'infirmerie; 6º celle des cabanons.

Sept prêtres nourris et logés à l'hôpital en avaient la direction religieuse, ils étaient directement sous l'autorité spirituelle de l'archevêque de Paris, et à l'égard de la *police* et de la discipline temporelles sous l'entière dépendance des directeurs, par qui ils étaient nommés.

Les pauvres, que la maladie ne mettait point dans l'impossibilité de se lever, étaient obligés d'assister dimanches et fêtes à la messe et aux vêpres. Les gardes parcouraient les cours pour surprendre ceux qui se cachaient pour s'en exempter et les amenaient de force à

---

(1) *Documents inédits sur l'Histoire de France : Inscriptions de la France*, t. II, p. 586.

l'église. Pendant les Avents et le Carême un prédicateur de la ville, choisi toujours parmi les meilleurs orateurs de la chaire, venait prêcher à Bicêtre.

Les prêtres, attachés à la maison, remplissaient les fonctions, dévolues habituellement aux notaires et aux curés de paroisse; ils recevaient ou rédigeaient les testaments des pauvres, des prisonniers et des employés et faisaient les enterrements, enfin ils avaient le droit de tenir les trois registres des décès, des mariages et des baptêmes (les deux derniers étaient inutiles dans cette maison) (1).

Après de longues discussions avec le curé de Gentilly, discussions, qui commencées en 1634 ne prirent fin qu'en 1741 par un arrêt du Parlement, tous les droits curiaux, que celui-ci s'était arrogés, lui furent enlevés; il n'eut plus l'autorisation de venir processionnellement officier à Bicêtre le jour de la Saint-Jean-Baptiste; il dut se contenter à l'avenir d'une redevance annuelle de douze livres et de quelques douzaines de cierges (2).

Il y avait encore pour aider les ecclésiastiques une vingtaine d'enfants de chœur, habillés de noir les jours ordinaires et de rouge les dimanches et fêtes; ils étaient choisis parmi les correctionnaires les plus sages.

Cet hôpital possédait et possède encore deux œuvres d'art remarquables : le grand puits et le grand égout.

Dans le principe Bicêtre n'avait qu'un puits, creusé de temps immémorial; six hommes étaient occupés toute la journée à en tirer l'eau. Il existait encore dans les terrains, qui dominent le plateau de Gentilly, une source dont les eaux reçues dans un réservoir suffisaient aux besoins des loges et des emplois voisins et le trop plein se jetait dans la Bièvre. Cette source fut considérablement diminuée, lorsque des plâtrières furent ouvertes dans la plaine. On fut alors obligé d'envoyer chaque jour les charrettes chercher de l'eau à la Seine, en face la Salpêtrière; et malgré les nombreux voyages faits quotidiennement à la rivière, on ne pouvait parvenir à en transporter assez pour satisfaire à tous les besoins de la maison. Il allait falloir abandonner Bicêtre, si on n'obviait pas à ce grave inconvénient.

(1) Règlement pour le service militaire et la garde du château de Bicêtre, Collect. Joly de Fleury, 1229.
(2) Code de l'Hôpital-Général, p. 93.

En 1734, Boffrand fut chargé de faire un puits, qui fournirait et suffirait à la consommation. Cet habile architecte en eut rapidement creusé un de quinze pieds de diamètre et de vingt-huit toises et demie de profondeur (57 mètres), malgré les difficultés du forage. L'eau en était versée dans un réservoir d'une contenance de quatre mille muids (1072 mètres cubes), d'où elle était portée par des tuyaux de plomb laminé dans toutes les parties de l'hôpital. La machine se composait d'un arbre debout, auquel s'assemblaient huit bras en bois, mis en mouvement par des chevaux ou des hommes, et d'un tambour, sur lequel se roulaient et se déroulaient deux câbles. A leur extrémité étaient attachés deux seaux d'un volume de quatre muids chacun, dont l'un descendait, tandis que l'autre montait; comme ils ne pouvaient point se renverser dans le puits à cause de leur grosseur, ils étaient percés au fond et se remplissaient par un mécanisme ingénieux de quatre soupapes.

Au-dessus du grand puits, Boffrand avait installé un grenier à blé, qu'on transforma plus tard en dortoir (1).

Boffrand avait fait à peu près à la même époque des aqueducs souterrains qui traversaient les cours et se réunissaient au dehors à ciel ouvert et portaient les vidanges dans un puisard, établi au couchant au revers de la côte de Gentilly. En 1775 ce puisard se trouva entièrement rempli; alors des eaux infectes et corrompues pénétrèrent dans la Bièvre et les puits de Gentilly et se répandirent à la surface des champs.

Comme il s'écoulait de Bicêtre environ deux cents muids d'eau et d'immondices par jour, il fallut chercher un prompt remède. M. de Bernière, un des administrateurs, proposa de construire un aqueduc souterrain, qui irait aboutir à la Seine; mais on y renonça à cause des nombreuses difficultés qu'il y avait à surmonter pour l'exécution d'un tel projet : une longueur de voûte de trois mille toises, le sol friable des carrières, les trois grandes routes de Fontainebleau, de Vitry et d'Ivry à traverser auraient entraîné une dépense de trois millions.

Viel, l'architecte de l'Hôpital-Général, présenta un plan qui fut accepté. On acheta six carrières voisines pour y faire écouler les immondices. Les dispositions de ces carrières, leur étendue, leur

(1) BOFFRAND. *Livre de l'architecture.*

profondeur lui permirent d'organiser un puisard, qui avec des travaux convenables pût servir à perpétuité et sans inconvénient d'égout à cet hôpital. Commencé en mai 1784 il fut achevé en 1789; il avait coûté quatre cent mille livres (1).

Pour terminer cette courte topographie, il nous reste à signaler la bergerie, les deux moulins à vent, le séchoir des peaux de Scipion les vastes jardins potagers qui se trouvaient compris dans l'enceinte ainsi que le cimetière, situé entre les loges des insensés et le chantier de bois. Les portes des Gobelins, des Champs, des Vinaigriers et porte Rouge donnaient entrée à Bicêtre. Neuf chevaux faisaient le service de la maison (2).

Il n'y avait dans cet hôpital, d'après Barthélemy Maurice, qu'une seule direction administrative, qu'une seule comptabilité, qu'un seul livre d'entrées où l'on inscrivait pêle-mêle les pauvres, les prisonniers et les vénériens.

Ces registres qu'on appelait *Ordres du Roy*, existent encore; ils sont au nombre de soixante-six, dont soixante-cinq sont conservés au Greffe de la Roquette et aux archives de la Préfecture de police; le plus ancien date de 1705 et le dernier du 18 octobre 1788.

(1) VIEL. *Loc. cit.*
(2) Père RICHARD. *Loc. cit.*

CHAPITRE IV

Bons Pauvres. Épidémies. Infirmeries.

*Les mendiants enfermés. — Affluence des pauvres en hiver. — Les
Bons Pauvres. — Nourriture des pensionnaires. — Travaux des
pauvres valides. — Paralytiques, épileptiques, teigneux, galeux,
aveugles. — Pauvres valides envoyés aux colonies. — Épidémies
fréquentes de scorbut. — Malades envoyés à l'Hôtel-Dieu, à St-
Louis et à Ste-Anne. — Infirmeries de Bicêtre.*

Par le règlement d'avril 1656, les mendiants de l'un et l'autre sexes,
incapables de travailler et de gagner leur vie, nés ou domiciliés à
Paris depuis deux ans, valides ou invalides jeunes ou vieux étaient
enfermés dans les différentes maisons de l'Hôpital-Général, où on
les occupait aux manufactures et aux ateliers tant que du moins le
permettaient leurs forces. Primitivement on n'admettait point les
pauvres mariés, seulement on leur distribuait tous les jours à la Pitié de la soupe et du pain (plus tard on les recevra). Les femmes
indigentes, abandonnées de leurs maris, y trouvaient aussi un asile,
ainsi que les aveugles et les incurables, jusqu'à ce qu'il y eût place
pour ces derniers aux Quinze-Vingts et aux Incurables.

L'aumône de passade se donnait aux mendiants de passage, qui
durant leur séjour logeaient, les hommes à l'hôpital St-Athanase et
St-Gervais et les femmes à Ste-Catherine trois nuits consécutives, ce
temps écoulé, ils devaient quitter Paris sous les peines les plus sévè-
res. Les pauvres atteints d'écrouelles, venus dans la capitale pour les
fêtes solennelles où le roi touchait leur mal, étaient nourris et acceptés à l'Hôpital-Général, les étrangers pendant un mois et les Français pendant quinze jours. On refusait les lépreux et les vénériens et
tous les individus atteints de maladies contagieuses. Les prêtres mendiants et les vagabonds, non originaires de Paris, avaient ordre de se

retirer, les premiers dans leurs diocèses et les seconds dans la ville de leur province où existait un hôpital général (1).

La maison de Bicêtre était réservée exclusivement aux hommes et aux enfants du sexe masculin. Au début on y mettait pêle-mêle des vieillards, des estropiés, des cancéreux, des ulcérés, des boiteux, des enfants d'école, des invalides, des faibles d'esprit, des écrouellés, des mal-taillés, des paralytiques, des scorbutiques, des vagabonds et des convalescents (2). Entre 1701 et 1722 (nous ne pouvons préciser l'époque) les conditions d'admission furent réglées sur des bases plus fixes : les enfants n'y entrèrent plus qu'à quinze ans; plus jeunes on les plaçait à la Pitié. Les pauvres mendiants devaient avoir soixante ans, être parisiens, et présenter un certificat d'indigence, signé du curé de la paroisse et leur extrait de baptême.

Mais on n'observait pas cette règle inflexiblement. Quantité de pauvres jeunes et valides passaient à Bicêtre les mois d'hiver, alors que les travaux étaient suspendus et ils s'en allaient au printemps. Les administrateurs, animés du désir de secourir le plus possible de malheureux, ouvraient les portes de l'hôpital à tous les individus sans argent et sans domicile. Ce qui souvent n'était point sans avoir de graves conséquences. En effet les places se trouvaient être insuffisantes devant une telle affluence : dix à douze entrants n'avaient parfois qu'un seul grand (3) lit à leur disposition, les uns se couchaient de six heures du soir à minuit, les autres les remplaçaient de minuit à six heures du matin. Les salles St-Mayeul et St-Médard étaient si encombrées que chaque année le scorbut y sévissait. Des dortoirs de cent cinquante places contenaient trois ou quatre cents personnes. Dans celui des paralytiques les moins malades devaient chaque soir faire dresser leurs lits dans le corridor voisin (4).

En 1667 il fallut acheter des terrains pour agrandir l'hôpital et en même temps faire élever des murs de clôture pour empêcher l'évasion des mendiants enfermés, dans moins d'un an six cent soixante-dix-sept s'étaient enfuis (5).

(1) *Code de l'Hôpital-Général. Règlement de l'Hôpital-Général*, p. 274.
(2) Appendice IX.
(3) Dans les grands lits, hauts et longs de six pieds et larges de quatre et demi, couchaient habituellement quatre malades, deux à la tête et deux au pied.
(4) *Collection Joly de Fleury*, n° 1235.
(5) Manuscrits Bibl. nat., n° 11364.

Mais cette répulsion ne dura pas longtemps; les malheureux fini-
ent par se rendre compte des intentions charitables dont les administrateurs de l'Hôpital-Général étaient animés à leur égard, ils ne
considérèrent plus comme une cruelle punition « l'enfermement »
à Bicêtre et ils apprécièrent à sa juste valeur la précieuse faveur
qu'on leur accordait en leur donnant un asile pour leur vieillesse.
Aussi les demandes d'admission affluaient au bureau de la Pitié. Le
nom de Pauvres enfermés, qu'on leur avait donné au début, n'avait
plus raison d'être, on lui substitua celui de *bons pauvres ou de bonne
volonté.*

Pendant de longues années personne ne payait à Bicêtre, tout y
était gratuit. Sur les demandes réitérées d'une certaine classe d'intéressés on finit par y prendre des pensionnaires, qui se recrutaient
parmi les petits rentiers et les vieux domestiques, entretenus par
leurs maitres. Parmi eux il y avait diverses catégories et on les traitait suivant le prix payé à l'hôpital.

Aux bons pauvres sans pension, âgés de moins de soixante ans,
on donnait quotidiennement cinq quarterons de pain bis de farine
de froment; les dimanches, mardi et jeudi une livre de viande pour
quatre, et une chopine de bouillon gras; les autres jours de la
semaine une chopine de bouillon maigre, fait avec du beurre et des
pois; le lundi et le mercredi un quart de litron de pois à chaque
repas; le vendredi et le samedi une once de fromage de gruyère ou
une once de beurre salé de Normandie, au diner et au souper. La
distribution des vivres ne se faisait qu'une fois par vingt-quatre heures, le matin au lever du soleil, toutefois on leur servait la soupe à
huit heures. Ils n'avaient point de vin (1).

Les sexagénaires et les septuagénaires étaient soumis au même
régime, les premiers avaient en plus un poisson de vin et les seconds
un demi-septier. Par suite de pénurie dans la caisse les administrateurs durent souvent le leur supprimer.

Les pensionnaires âgés de moins de soixante ans et payant cent
livres avaient quotidiennement cinq quarterons de pain blanc, les
jours gras une demi-livre de viande, les jours maigres à (2) diner un

(1) *Collection July de Fleury,* nos 1220 et 1246.
(2) Autrefois les deux grands repas de la journée avaient lieu, le diner à midi,
le souper à six heures.

tiers de litron de fèves et à souper deux onces de fromage de gruyère. Aux sexagénaires on accordait trois poissons de vin.

A cent cinquante livres ils avaient droit à : les jours gras trois quarterons de viande, les jours maigres une portion de morue à dîner et une portion de légumes ou deux onces de fromage à souper et une chopine de vin (1).

A deux cents livres, une chopine de vin, trois quarterons de viande; les jours maigres deux portions, à dîner une de morue et l'autre de légumes, à souper une portion de légumes et trois onces de fromage.

A deux cent cinquante livres, trois demi-septiers de vin, une livre de viande, dont la moitié bouillie et l'autre rôtie; les jours maigres même régime que le précédent.

A trois cents livres une pinte de vin de meilleure qualité, une livre de viande; les jours maigres à dîner une portion de poisson et une autre de légumes ou trois œufs, à souper trois œufs et une portion de légumes.

A trois cent cinquante et quatre cents livres, même table qu'au premier réfectoire.

Au-dessus de cette somme ils avaient droit à cinq demi-septiers de vin, tandis que le personnel de la maison, qui mangeait au premier réfectoire, n'en avait que trois depuis l'augmentation.

Les pensionnaires au nombre de soixante à quatre-vingts rapportaient habituellement une quinzaine de mille livres à l'Hôpital.

Les pauvres de *bonne volonté* payants ou gratuits, pouvaient s'en aller de Bicêtre, quand il leur plaisait, aucun règlement ni aucun engagement ne les contraignait à y rester contre leur gré. S'ils voulaient descendre à Paris, ils n'avaient qu'à demander l'autorisation à l'économe, jamais elle ne leur était refusée (2); les seules formalités à remplir consistaient à se faire inscrire en sortant chez le concierge et à rentrer le soir avant quatre heures en hiver et sept heures en été (3).

Au commencement on ne recevait à Bicêtre que des vieillards, des enfants et des jeunes gens infirmes, incapables de travailler; mais

(1) Le poisson vaut 0,116, le demi-septier, 0,233, la chopine, 0,466, la pinte, 0,931. Le litron équivaut presqu'au litre. L'once vaut 32 grammes.
(2) ALLETZ. *Tableau de l'humanité.*
(3) Père RICHARD. *Manuscrit de la Bibliothèque Carnavalet.*

peu à peu de grandes modifications furent apportées au règlement. On admit des pauvres valides ; outre la question d'humanité, qui voulait qu'on ne laissât point sans secours des malheureux, réduits à la plus grande misère, l'hôpital retirait un grand avantage de cette combinaison, car ils servaient les infirmes, et pour tout gage ils se contentaient d'un supplément de nourriture et de minimes appointements, variant de quinze sols à trois livres par mois ; sans eux on eût été obligé de payer des domestiques qui auraient coûté plus cher à eux seuls que tous les pauvres. Tout en faisant le bien, l'administration y trouvait son bénéfice ; sur sept cent soixante employés quatre cent trente-cinq étaient des *bons pauvres* (1).

L'entrée à Bicêtre ne donnait droit qu'à un grand lit : les plus anciens et les protégés avaient seuls le privilège de coucher séparément. Pour éviter toute discussion à ce sujet, on prit une mesure radicale, et vers 1774 on commença à vendre les petits lits cinquante écus ; à la mort des acheteurs ils revenaient à l'hôpital, qui les revendait. C'était encore un produit annuel d'une dizaine de mille livres. A la suite de la visite de M. et de Mme Necker, les grands lits furent divisés en deux par une planche. La sœur Supérieure, ayant fait observer que c'était une combinaison peu pratique, fut révoquée.

On ne laissait point les pauvres, capables de travailler, dans l'oisiveté : les uns étaient occupés à la manufacture de serge, les autres faisaient marcher les quarante métiers battants avec lesquels se fabriquaient la toile nécessaire à la consommation de la maison et le treillis pour les sacs de la boulangerie Scipion ; quelques-uns tissaient des lacets ; d'autres réunis dans les ouvroirs filaient la laine pour les couvertures ; les artisans retirés exerçaient leurs anciens métiers ; les jardins, la buanderie, la lingerie, les lavoirs et la cuisine en employaient encore beaucoup (2).

Les pauvres valides et invalides (douze cents en moyenne) formaient le groupe le plus important ; ils étaient répartis dans les salles St-Joseph, St-Mayeul, l'Ange-Gardien, St-André, St-René, St-Philippe, St-Charles, St-Guillaume, Ste-Marie, Ste-Marguerite, St-Marcel, St-Médard, St-Étienne et le dortoir au-dessus du Grand-Puits.

(1) La ROCHEFOUCAULD. *Rapport du Comité de mendicité à l'Assemblée Nationale.*

(2) LENOIR. *Détails sur quelques établissements de Paris*, 1780.

Les articles du règlement de 1656, qui prescrivaient de ne recevoir que des mendiants valides et invalides, incapables de gagner leur vie, ne furent jamais strictement observés. Les aveugles et les incurables, qu'on devait renvoyer aux Quinze-Vingts et aux Incurables, aussitôt qu'il y aurait des places vacantes dans ces deux hôpitaux, restèrent dans les maisons de l'Hôpital-Général. Dès la première année on comptait vingt-deux aveugles à Bicêtre (1). En 1701 *la liste jointe à l'affiche de la loterie de l'Hôpital-Général et des Enfants-Trouvés* mentionne dans cette maison quatre-vingt-seize aveugles et écrouellés, sans faire de distinction entre ces deux sortes de malades (2). En 1726 ils sont trente-six (3) et ils ont un quartier spécial : la salle St-Pierre (4).

A la suite de conventions faites avec le Grand-Bureau, l'Hôpital-Général se contenta de douze lits aux Incurables (5).

On trouvait à Bicêtre des spécimens de diverses maladies (6) :

Des épileptiques.	61	à St-Jean.
Des grands et petits paralytiques	100	à St-Joseph.
Des imbéciles	72	à St-François.
Des teigneux et des scrofuleux. .	41	à St-Fiacre.
Des galeux.	78	à St-Louis.
Des fous.	187	à St-Prix.
Des vénériens.	155	à St-Eustache.
Des vénériennes.	261	à la Miséricorde.
Des enfants.	114	à la Visitation.
Des aveugles.	36	à St-Pierre.

Ces différents malades atteignaient le chiffre de onze cents.

Leur costume ainsi que celui des Bons pauvres se composait de bas, d'une culotte, d'un gilet, d'un habit ou d'un frac de bure pour les valides et d'une robe de même étoffe pour les gâteux (7).

Enfin des prisonniers, enfermés au fort Mahon, à la Force et à St-Léger et des correctionnaires à la salle St-Martin, divisée en petite Correction pour les enfants au-dessous de seize ans et en grande Correction pour les autres, dépassaient cinq cents.

Les prisonniers, les vénériens et les fous formaient à Bicêtre des

(1, 2, 3 et 4). Appendices. VIII, XII, XV, XVII.
(5) *Collection Joly de Fleury.*
(6) Appendices XV et XIX.
(7) VIEL DE St-MAUX. *Notice sur les hôpitaux.*

groupes si importants que nous avons cru devoir consacrer un chapitre spécial à chacun d'eux.

Pauvres valides, envoyés aux colonies.

Bien souvent les pauvres valides de Bicêtre furent victimes d'abus de pouvoir incroyables.

Avait-on besoin de soldats pour remplir les cadres des régiments, les sergents recruteurs obtenaient du ministre de la guerre l'autorisation de choisir dans cet Hôpital les sujets qui leur paraissaient capables de supporter les fatigues du métier militaire (1).

Pour peupler les colonies on n'avait pas trouvé de moyens plus expéditifs que de prendre de force les jeunes filles et les garçons élevés par l'Hôpital-Général. En 1669 Colbert fit transporter au Canada une centaine d'orphelines, tirées de la Salpêtrière. Comme elles ne furent point assez robustes pour résister au climat et aux travaux pénibles auxquels on les astreignait, une fois arrivées, on cessa momentanément de les expatrier, et on préféra y envoyer de grosses et plantureuses Normandes (2) Néanmoins en 1682 on revient aux premiers errements et cinquante femmes furent expédiées de la Salpêtrière à Québec.

En 1719 la Compagnie d'Occident, fondée pour exploiter les terres de Mississipi et surtout dépouiller de leurs économies l'innombrable et incorrigible famille des gobeurs, employa pour peupler ce pays lointain les mêmes procédés. Le 8 octobre et le 5 novembre douze cents personnes des deux sexes furent obligées d'aller coloniser l'Amérique. Le 18 septembre de la même année quatre vingts filles, arrachées des prisons du Prieuré St-Martin et mariées à des détenus avaient été également embarquées.

Des agents de police en bourgeois, ayant pour tout insigne une fleur de lys en bandoulière à la boutonnière et appelés pour cela *Band-uliers*, arrêtaient tous les mendiants valides et les conduisaient, avant leur départ pour ces rivages encore presque inconnus, à Bicêtre et à la Salpêtrière. Comme ils touchaient une prime de dix écus par indi-

---

(1) JOBEY : *Histoire de Louis XV.*

(2) *Lettres, Correspondances et Mémoires de Colbert*, t. III. Lettre de Colbert à l'Archevêque de Rouen, Harlay de Champvallon, p. 467. Lettre de Colbert à Beyen, intendant des îles d'Amérique.

vidu, ils appréhendaient toutes sortes de gens, ouvriers, bourgeois, fils et filles de famille et même des enfants, sous prétexte de vagabondage. Les plaintes du public devinrent tellement vives que le Régent donna ordre, par crainte d'une révolte à Paris, à ces policiers, peu scrupuleux, de modérer leur zèle.

Mais comme il fallait toujours à Law des émigrants, on se rabattit alors sur l'Hôpital-Général, cinq cents jeunes filles et six cents pauvres valides, choisis à la Salpêtrière et à Bicêtre, furent dirigés vers a Rochelle, les femmes en charrettes et les hommes à pieds sous l'escorte de trente-deux archers et embarqués peu après pour le golfe du Mexique. Cette colonisation forcée donna des résultats déplorables, ces malheureux vinrent mourir de faim sur les bords du Mississipi, sacrifiés par le Régent à la cupidité des agioteurs de la rue Quincampoix. Par une aberration d'esprit incompréhensible, le ministre d'Argenson, en octobre 1749, et en mai 1750, voulut revenir aux procédés de Law et débarrasser Paris des mendiants, et diminuer le nombre des pauvres enfermés à l'Hôpital-Général, en les expédiant par delà les mers. Mais le peuple se montra de moins bonne compositio.. que précédemment, des révoltes sérieuses éclatèrent et le ministre dut rapporter son arrêt (1).

Les commissaires de Bicêtre avaient vainement protesté contre ces mesures ; mais ils avaient été contraints de laisser prendre les pauvres valides, et même de recevoir dans leur maison les individus arrêtés dans Paris, et de les nourrir avant leur départ pour le port d'embarquement ; et en 1723, ils n'étaient point encore remboursés des dépenses que leur avait causées ce surcroît de pensionnaires (2)

Épidémies. — Infirmeries.

Par le règlement d'avril 1656, tous les pauvres, sans exception, malades à Bicêtre, devaient être soignés à l'Hôtel-Dieu ; mais par une convention, datée de janvier 1659, il fut décidé qu'on n'y recevrait point ceux, atteints de peste, d'écrouelles, de grosse vérole et d'affections contagieuses. Chaque matin, on les conduisait en carrioles,

(1) JOBEY. *Histoire de Louis XV*, t. II, p. 116 et 514.
(2) MAXIME DU CAMP. *Paris, ses organes, ses fonctions et sa vie*, t. IV et *Collection Joly de Fleury*.

place Notre-Dame ; ceux trop souffrants pour être voiturés impuné-
ment dans ces véhicules mal suspendus y étaient portés en brancards. Au début, on ne les admettait qu'un jour par semaine, le
vendredi, et même pendant le carême, les portes leur en étaient
fermées (1).

Bien souvent Bicêtre fut le théâtre de terribles épidémies ; quoique
l'Hôtel-Dieu ne fût point obligé dans ce cas d'ouvrir ses salles aux
contaminés, les gouverneurs les acceptaient par humanité.

Ainsi en mars 1670, pour remédier au scorbut qui régnait dans
cette maison avec une telle violence qu'à peine s'échappait-il un
individu sur quarante, on fit préparer à l'hôpital St-Louis (une des
succursales de l'Hôtel-Dieu) de vastes dortoirs. Comme on craignait
que le passage de ces pestiférés à travers Paris ne fût dangereux
pour les habitants, on leur fit suivre le chemin de ronde, traverser
la Seine sur le bac, placé au-dessus de la Salpêtrière, puis prendre la
route de Pincourt (Popincourt) (2). Quelques années auparavant
(novembre 1661 à mars 1662), par suite d'une affection de même
nature, soixante et onze personnes étaient mortes dans les infirmeries
de Bicêtre, et dix-neuf cent dix avaient été portées à l'Hôtel-Dieu.

En avril 1729 les scorbutiques se trouvèrent en si grande quantité à l'Hôtel-Dieu que les maisons de l'Hôpital-Général durent cesser
d'y envoyer leurs malades jusqu'à ce que des logements fussent
organisés pour eux à St-Louis (cet hôpital ne servait qu'en cas d'épidémie). A titre d'indemnité, les administrateurs payèrent une somme
de trois mille livres à l'Hôtel-Dieu, où ils avaient envoyé plus de
cinq cents de leurs pauvres.

Une épidémie encore plus meurtrière que les précédentes apparut
inopinément en mai 1753. Les scorbutiques, mêlés aux prisonniers de
Force dans les salles St-Landry et Ste-Martine, atteignirent à l'hôpital de la place Notre-Dame, le chiffre fabuleux de douze cent dix-
neuf ; faute de places dans les dortoirs, on dressa des lits dans trois
greniers pour les bons pauvres, qui ne tardèrent pas à être transpor-
tés à St-Louis. Neuf cents détenus n'en demeurèrent pas moins à
l'Hôtel-Dieu.

Fatigués d'être ainsi encombrés, les gouverneurs de l'Hôtel-Dieu

(1) *Documents pour servir à l'Histoire des Hôpitaux de Paris*, t. 1, p. 134.
(2) *Documents pour servir à l'Histoire des Hôpitaux de Paris*, t. 1, p. 189.

refusèrent en 1760 de recevoir les personnes atteintes de maladies contagieuses. Aussi la mortalité fut-elle énorme à Bicêtre, où aucun local n'était disposé pour les mettre.

Boyer, doyen de la Faculté, appelé en consultation par Latier, médecin de l'Hôpital-Général, accourt aussitôt. L'un et l'autre constatent que les malades sont couverts d'ecchymoses, de pustules rougeâtres, et de taches noires et livides. Ils visitent l'infirmerie St-Antoine, destinée aux gens de service et aux bons pauvres, pensionnaires; l'air y est chargé de vapeurs putrides en raison du grand nombre d'individus, enfermés dans un espace trop étroit, six couchent dans le même lit et d'autres restent sans secours dans les dortoirs. De là ils passent à St-Léger et à la Grande-Force, où ils trouvent vingt malades. Dans l'infirmerie St-Roch quatre-vingt-dix prisonniers sont dans un état de santé assez bon, car cette salle est aérée. Ils remarquent que les détenus des cabanons, grâce à leur isolement, sont les mieux portants, sauf ceux qui sont enfouis dans les cabanons souterrains. Ces lieux, disent-ils dans leur rapport, nécessairement humides en vertu de leur situation, sont après les cachots le réceptacle le plus douloureux de la misère humaine.

Latier, qui quelques jours plus tard succombait victime de son noble dévouement, écrivait le 10 mars aux commissaires de la maison, pour se plaindre du trop grand nombre d'admissions à Bicêtre.

« A Dieu ne plaise, disait-il, que la médecine, établie pour le sou-
« lagement et la consolation des malheureux, prépare des arguments
« contre la Charité, mais en désirant de tout son cœur que Bicêtre
« agrandi soit pour tous les indigents un asile commode et salu-
« taire, la médecine se trouve obligée de faire envisager les fruits
« amers qu'on s'expose à recueillir de l'hospitalité, exercée en faveur
« d'un plus grand nombre que l'espace peut en recevoir » (1).

Malgré leur premier refus les gouverneurs de l'Hôtel-Dieu consentirent en 1767 à recevoir les scorbutiques de Bicêtre. Pour triompher de leur résistance les administrateurs de l'Hôpital-Général s'étaient fait appuyer par le premier président et le procureur général du Parlement, chefs directeurs des deux établissements, à qui ils avaient démontré que les gens de Force étaient affligés de scorbut, que cette

(1) *Collection Joly de Fleury*, n° 1235.

maladie faisait des progrès rapides et pouvait se communiquer à
tout l'hôpital, dégénérer en épidémie et envahir la ville. Du reste ils
s'engageaient à ne laisser leurs malades que le temps nécessaire pour
faire réparer les salles de Force, les blanchir, les recrépir et les aérer.
L'hôpital Ste-Anne (autre dépendance de l'Hôtel-Dieu), fut rapidement
aménagé et le 27 avril les carrioles de Bicêtre y amenèrent quarante-
cinq malades. Le 15 juillet suivant tout danger était conjuré, alors
l'on referma l'Hôpital Ste-Anne (1).

Grand nombre de personnes étaient soignées pourtant à Bicêtre;
lors de la visite de Tenon (1788) il y avait dans les infirmeries sept
cent quatre-vingt-huit malades. Il est vrai que dans ce chiffre il fallait compter les vénériens (quatre cents environ), les galeux et les
teigneux (cent cinquante), à qui on faisait suivre un traitement, et
les prisonniers, qui depuis 1767 n'étaient plus acceptés à l'Hôtel-Dieu
et enfin les gens de service et les bons pauvres, pensionnaires, pour
qui on avait toujours eu des infirmeries spéciales.

En cas d'extrême urgence l'Hôpital-Général savait trouver de la
place. Ainsi en 1773 après l'incendie de l'Hôtel-Dieu (nuit du 31 décembre 1772) il fit proposer aux gouverneurs de cet hôpital, par l'Archevêque de Paris, de ne plus y envoyer de malades pendant trois ans,
moyennant une indemnité de quarante mille livres pour acheter
des lits. L'Hôtel-Dieu s'empressa d'accéder à cette offre.

Ces déplacements et ces transports avaient de graves inconvénients. Aussi le roi par Lettres Patentes du 22 juillet 1780 en proro-
geant pour trois ans les droits d'octroi, accordés antérieurement à
l'Hôpital-Général, mit comme condition que les administrateurs
feraient préparer incessamment dans chacune de leurs maisons des
infirmeries, proportionnées au nombre de leurs habitants, et où
chaque pauvre coucherait séparément (2).

Quelque temps auparavant Louis XVI avait fait organiser à ses
frais de vastes salles pour les paralytiques, les épileptiques et les
cancéreux, car il ne voulait pas que des gens de tous âges et affligés
de maux différents fussent confondus dans les mêmes dortoirs et
souvent mis dans les mêmes lits.

On commença aussitôt les travaux. A Bicêtre on construisit une

---

(1) *Documents pour tenir à l'histoire des hôpitaux de Paris*, t. I, p. 395, etc.
(2) *Code de l'Hôpital-Général*, p. 166.

infirmerie pour trois cents personnes; mais elle était à peine terminée que les murs se lézardèrent. On avait voulu expérimenter une nouvelle façon économique de bâtir, prônée par certains architectes. Viel de Saint-Maux, chargé de réparer leur maladresse, fut obligé d'étayer partout pour rendre ce bâtiment habitable. En 1782 les malades purent y être soignés (1); mais le plus grand nombre continua comme par le passé à être envoyé à l'Hôtel-Dieu.

Cette infirmerie ainsi restaurée était encore considérée comme insuffisante, puisque chaque année les administrateurs plaçaient à la caisse du Mont-de Piété l'excédent de leurs revenus pour en construire de nouvelles à la Pitié, à la Salpêtrière et à Bicêtre. Celle de la Salpêtrière fut ouverte en 1786.

Neuf cent quarante mille livres, déposées au Mont-de-Piété, allaient permettre de bâtir celles des deux autres hôpitaux, lorsque la Révolution de 1789, qui changea entièrement l'organisation de l'Hôpital-Général, fit repousser à une époque ultérieure l'exécution de ces beaux projets. Six mois suffirent pour faire disparaître et engloutir toutes les économies (2).

(1) Viel de St-Maux.
(2) *Mémoires pour l'Hôpital-Général de Paris et pour celui des Enfants-Trouvés*, 1790.

CHAPITRE V

Les Vénériens à Paris (1495-1792).

1° — Hôpitaux de Vénériens, antérieurs à Bicêtre.

Apparition de la vérole en Europe; ses ravages. — Premiers véné-
riens reçus à l'Hôtel-Dieu en 1495. — Mesures prises par le Par-
lement. — Hôpital du Faubourg-Saint-Germain pour les hom-
mes. — Les femmes ne sont point laissées sans traitement; Hôpi-
tal du Faubourg-Saint-Honoré pour elles. — Insuffisance de ces
deux hôpitaux. — Adoucissement des mesures prises contre les
syphilitiques. — Hôpital de la Trinité. — Vénériens placés à
Saint-Eustache et à Saint-Nicolas; ces deux maisons n'en for-
ment probablement qu'une seule. — Hôpital de la Sanitat. Le
Grand Bureau des Pauvres s'engage, moyennant certaines rede-
vances payées par l'Hôtel-Dieu, à soigner ces malades. — Procès
soulevés entre ces deux établissements. — Hôpital Saint-Marcel.
— Les vénériens des deux sexes placés chez les chirurgiens-bar-
biers. — Document à ce sujet.

2° — Les Vénériens à Bicêtre.

Au début ils n'y sont pas admis. — Reçus en petit nombre vers
1684. — Opinion différente de celles de Cullerier et de Parent-
Duchatelet. — Date précise où les malades des deux sexes furent
soignés à Bicêtre. — Les vénériens du temps de Cullerier. —
Trois catégories: les protégés, les plus anciens et les plus mala-
des. — Visite de Maréchal, premier chirurgien du roi. — Le
Grand Remède remplacé plus tard par la méthode d'Extinction.
— Charlatans admis à Bicêtre: Charbonnière y expérimente ses
fumigations; certificat délivré par la Faculté de médecine. —
Keyser y essaie ses pilules; ses discussions avec Thomas, chi-

*rurgien de Bicêtre. — Extrait des registres de l'hôpital ; magni-
fique résultat obtenu par Thomas.*

3° — Autres hôpitaux de Vénériens à Paris.

*Les Petites-Maisons. — Hôpital militaire des Gardes Françaises
et des Gardes Suisses. — Hôtel des Invalides. — Maisons de
Santé ; Hôtels de Santé ou Hôtels Salutaires. — Fondation de
l'Hospice de Vaugirard pour les femmes enceintes, les accouchées, les nourrices et les enfants syphilitiques. — MM. Colombier et Lenoir. — Les vénériens des deux sexes réunis à l'ancien
couvent des capucins, Faubourg-Saint-Jacques. — Hôpital du
docteur Lalouette, rue de Seine.*

1° — Hôpitaux des Vénériens, antérieurs à Bicêtre.

Lorsque les Français sous les ordres de Charles VIII firent la con-
quête du royaume de Naples (février 1495), une maladie nouvelle
sévit inopinément sur les armées des belligérants.

D'où venait-elle? Comme nous ne voulons point traiter ici une
question tant de fois débattue, nous nous bornerons à faire remarquer qu'avant la découverte de l'Amérique elle n'avait point été
signalée. Parmi les Espagnols accourus au secours des Napolitains
quelques-uns étaient déjà contaminés, puisque dès leur arrivée le
terrible mal éclata.

Les Italiens, sous prétexte qu'ils en avaient été gratifiés par nos
troupes, lui donnèrent le nom de Mal Français, nous par réciprocité
celui de Mal de Naples. Les Espagnols plus circonspects (peut-être
par là s'en reconnaissaient-ils les propagateurs), se contentèrent de
l'appeler Las Bubas et Patursa. Répandue partout en fort peu de
temps elle prend mille désignations diverses: Grosse vérole, variole,
vérole française, vérole espagnole, mal espagnol, mal des allemands,
mentalagre, mal de Saint-Mévius, de Saint-Sément et de Sainte-
Evaye. Jacques de Bethencourt employa le premier le mot : mal
vénérien et Fracastor inventa celui de syphilis.

La science des médecins fut désarmée et pour cacher leur impuis-
sance à lui trouver une étiologie certaine, ils forgèrent les hypothèses les plus invraisemblables.

Ils crurent tout d'abord qu'elle se communiquait non seulement par le toucher et le contact, mais qu'elle se propageait aussi par les milieux ambiants et qu'elle rendait l'air délétère. Aussi s'empressat-on de prendre des mesures de précaution.

Dès 1495, des vénériens furent admis à l'Hôtel-Dieu de Paris, comme en fait foi le livre des comptes de cet hôpital, où la religieuse prieure, sœur Lasseline, a fait mentionner une dépense de quatre-vingts livres parisis pour draps et couvertures, fournis aux malades de la grosse vérole de Naples (1).

Comme les progrès du mal allaient toujours en croissant, le Parlement chargea l'évêque de Paris, Jean V Simon, de concert avec Messire Martin de Bellefoye, conseiller à la Cour, le prévôt des marchands, Jean Popin, les échevins et autres grands personnages, d'aviser aux moyens nécessaires pour enrayer ce fléau d'un nouveau genre.

Le 6 mars 1496 ils firent annoncer par cri public dans toutes les rues de la ville : 1º que les hommes et les femmes étrangers atteints de la vérole eussent à quitter Paris dans les vingt-quatre heures et que des commissaires placés aux portes Saint-Jacques et Saint-Denis leur délivreraient à chacun quatre sols parisis ; 2º que tous les malades, nés à Paris, qui pourraient se faire soigner à leurs frais, eussent à se renfermer dans leurs maisons jusqu'à complète guérison ; 3º que les nécessiteux et les indigents seraient soignés en dehors de la ville dans un local spécial, où l'on pourvoirait à leur nourriture et à leur entretien ; 4º que toute contravention au présent arrêt serait punie de la hart (2).

Le local, loué pour les hommes, situé presque en face de la maladrerie Saint-Germain, rue du Sépulcre, dépendait de la censive de l'abbaye de Saint-Germain-des-Prés et appartenait à Louis Gauldry, de qui Jean Pasquier, capitaine des archers de la ville, le prit à bail pour le compte du prévôt des marchands. En 1523 cet hôpital existait encore et se composait de deux salles, d'une cave et d'une grange (3).

Don Félibien et Piganiol de la Force ont prétendu à tort qu'à cette époque les vénériens furent placés à la Maladrerie Saint-Germain.

(1) *Documents pour servir à l'histoire des hôpitaux de Paris*, t. III, p. 89.
(2) Don Félibien. T. IV, p. 613.
(3) Bourg-Saint-Germain. *Historique du vieux Paris*, p. 92.

De même Cullerier et Parent-Duchâtelet et tous les historiens des établissements, destinés aux syphilitiques, ont avancé sans avoir aucun document à l'appui, qu'aucun hôpital ne fut ouvert au début aux femmes atteintes de vérole, et qu'on les laissait malades sans les secourir. Au seizième siècle la noble passion de la charité était déjà trop enracinée dans le cœur des bourgeois parisiens pour qu'une pareille assertion fût exacte. Les preuves, que les femmes ne furent point abandonnées sans traitement, surabondent.

D'abord elles n'avaient pas été oubliées dans l'ordonnance du 6 mars 1496 (1).

L'article V était ainsi conçu : « Et quant aux femmes malades leur « sera pourveu d'autres maisons et demeurances, esquelles seront « fournies de vivres et autres choses à cela nécessaire (1). »

Sauval, dont les écrivains précités semblent avoir ignoré l'existence, est encore plus explicite : « Un logis, dit-il, d'assez grande « étendue fut loué pour les hommes en 1496 au faubourg-Saint- « Germain, avec dessein, s'il ne suffisait pas, d'y joindre quelques « granges et quelques lieux tout contre; quant aux femmes elles « devaient se retirer aux maisons qu'on était après à leur chercher. « Où dans ces deux endroits tant les uns que les autres ne devaient « manquer de rien. Tant de beaux règlements n'empêchèrent pas ce « mal de continuer et d'aller toujours son train. Aussitôt nouvelles « taxes pour bastir de nouveaux hôpitaux. Au Faubourg-Saint-Honoré « il en fut basty un pour les femmes atteintes du mal de Naples.

Loin de les laisser sans traitement, on employait à leur égard certains ménagements pour les engager à venir se faire soigner; et à celles qui se trouvaient à cet hôpital, de temps en temps, on distribuait de petites gratifications. « Toujours, d'après Sauval, en 1502, « par ordre du Parlement, le Receveur des amendes et des exploits « leur donna, le 5 avril, cent sols parisis en l'honneur de la Passion « pour leur aider à passer les fêtes de Pâques, à condition qu'elles « ne fréquenteraient pas le peuple » (2).

Cette conduite des magistrats, comme on le voit, ne ressemble nullement à l'indifférence systématique qu'on les accuse d'avoir montrée envers elles.

(1) *Ordonnances des rois de France de la troisième race*, t. XX, p. 436.
(2) SAUVAL. Tome I, p. 508. — Tome III, p. 27 et 28.

L'existence de cet hôpital, signalé par Sauval, est indéniable, puisqu'à différentes reprises il en est également fait mention dans l'*Inventaire des Archives de l'Hôtel-Dieu*. Le passage que nous donnons ci-dessous dissipera certainement tous les doutes.

« Procès-verbal de la séance d'une assemblée tenue au Palais, au « sujet du mal de Naples. Le danger de la contagion menaçant les « religieuses et les autres habitants de l'Hôtel-Dieu, les malades « atteints du mal de Naples seront exclus de cet hôpital et seront « soignés dans les deux maisons, désignées pour cet objet, savoir « les hommes dans une maison située au faubourg St-Germain-des-« Prés et les femmes dans une maison située au faubourg St-Honoré. « 19-23 février 1507 » (1).

Si les maîtres-gouverneurs de l'Hôtel-Dieu ne les recevaient point, ils leur faisaient cependant généreusement l'aumône. « A une femme « malade de la dicte maladie de Naples, et pour la renvoyer en sa « maison VI sols tournois. A une autre malade d'icelle maladie qui « voulait loger par force, donner XI sols pour s'en retourner. Item à « ung autre malade, gisant à la salle St-Thomas, qui est de long-« temps au dict Hostel et ne le povait en mettre dehors et lui fallut « faire une brouette par l'ordre de Messieurs pour le faire mener, « IV sols tournois, décembre 1509 » (2).

Après la lecture de ces divers extraits, aucune hésitation n'est possible, et l'authenticité de l'hôpital du faubourg St-Honoré nous semble démontrée d'une manière péremptoire. Nous verrons bientôt que les femmes furent également admises dans les autres hôpitaux de vénériens. A l'hôpital St-Eustache, leur présence est plusieurs fois constatée par des sommes d'argent, données aux chirurgiens-barbiers, chargés de les y soigner. Plus tard elles seront traitées en ville chez des veuves de chirurgiens-barbiers.

Pourtant on avait fini par avoir sur la vérole des notions plus exactes, on ne croyait plus à son développement spontané. Une mauvaise hygiène, l'abus des aliments salés ou âcres et les passions trop vives ne suffisaient plus pour en expliquer tous les accidents. On savait à quoi s'en tenir sur le mal de Naples.

Aussi les magistrats, chargés de la police urbaine, laissaient tomber

(1) *Inventaire des archives de l'Hôtel-Dieu*, t. I, p. 332, n° 4217.
(2) *Documents pour servir à l'histoire des hôpitaux de Paris*, t. I, p. 142.

en désuétude les mesures draconiennes du début. Les syphilitiques n'étaient plus chassés de la ville, les hôpitaux situés en dehors des murs furent transférés dans l'intérieur de Paris.

En 1535, le Parlement ordonna qu'on les recevrait à l'hôpital de *la Trinité,* dans une salle immense de quarante et une toises de longueur sur six de largeur, occupée par les Comédiens, qui, sous le nom de Confrères de la Passion et de la Résurrection, y jouaient leurs *Mystères* et leurs *Sottises.* Les comédiens, lésés dans leur possession plus que centenaire, protestèrent ; leur requête fut écoutée et jusqu'à nouvel ordre ils restèrent installés à la Trinité.

Après ce premier échec, les maîtres de l'Hôtel-Dieu, à qui incombait la charge des vénériens, demandèrent au Parlement le droit de les mettre à l'*Hôpital St-Eustache.* — Ce qui leur fut accordé. — Cet hôpital, situé au coin des rues Tiquetonne et Montorgueil, fondé en 1320 par Philippe de Magni et administré par le curé et les marguilliers de St-Eustache, recevait des malades de tous âges, de tous sexes et de tous pays. En 1500, grâce à une donation faite par une riche veuve, la demoiselle (1) Nicolas Ferret, il fut entièrement rebâti. Malgré les réclamations des directeurs, le Parlement maintint son arrêt, et il leur fallut se soumettre et accepter les vénériens (11 mars 1536), sauf rémunération de la part de l'Hôtel-Dieu.

En 1540, il y avait un autre hôpital, nommé *St-Nicolas,* destiné aux affections du même genre. Tout fait supposer que ces deux dénominations *St-Eustache* et *St-Nicolas* s'appliquaient à la même maison. En témoignage de reconnaissance pour la veuve Nicolas, on avait probablement substitué ou ajouté son nom à celui existant déjà.

Les maîtres de l'Hôtel-Dieu éludaient le plus possible leurs engagements et ne fournissaient point ce qui avait été convenu. Le 30 janvier 1540, le Parlement les appelle à sa barre, les réprimande et leur rappelle qu'ils avaient promis de donner le linge et les draps nécessaires pour les syphilitiques et cependant ils en laissaient manquer l'hôpital *St-Nicolas.* Menacés d'être obligés de reprendre leurs malades, ils s'exécutèrent.

A *St-Eustache* on soignait les hommes et les femmes ; plusieurs chirurgiens barbiers, payés par l'Hôtel-Dieu, étaient attachés à cet hôpital, comme le prouve l'extrait ci-dessous de l'*Inventaire des*

(1) LEBEUF. *Histoire de la ville et de tout le diocèse de Paris,* t. 1, p. 102.

R. 5

archives de l'Hôtel-Dieu : « A Jehan Thoret, Nicolas Langlois, Nicolas
« Lebrun et Symon,... barbier cirurgien à Paris, la somme de XII li-
« vres tournois pour avoir par eulx guery de la grosse vérole Magde-
« icine Pleneuse... Puis aux dessus dits barbiers la somme de XVI li-
« vres tournois pour avoir pensé et guery de la grosse vérole en
« l'hospital St-Eustache, Martine Labuche (1588). »

Cet hôpital ne pouvait contenir tous les vénériens de Paris ; aussi,
en 1556, on en construisit un autre au faubourg St-Germain, sur le
bord de la Seine et on l'appela la *Santa* ou le *Sanitat*. Il en est fait
mention d'après Sauval dans les registres du Parlement. Deux bourgeois, Aubry et Guyet (1) le firent terminer. Quoique aucun autre auteur n'en ait parlé, si ce n'est Dom Bouillart, dans son *Histoire de
St Germain des Prés*, son existence ne peut être mise en doute ; dans
un autre passage Sauval dit : « De notre temps (1620-1670), a été
« ruiné un hôpital, fondé au siècle dernier pour les personnes
« atteintes de mal vénérien ; il était situé sur les bords de la Seine,
« près du pont des Tuileries, et même pour augmenter ses revenus,
« le Parlement permit en 1581 de prendre quinze cents livres sur
« l'abbaye de Molesmes (diocèse de Langres) ».

Enfin l'extrait suivant tiré de *l'Inventaire des Archives de l'Hôtel-
Dieu* (t. I, p. 20), en rend l'existence indéniable : « Arrêt du Par-
lement qui adjuge cinq cents écus d'or pour les bâtiments de la
Sanitat sur le fruit de l'abbaye de Molesmes. 26 août 1581. »

Quelques années auparavant, François Ier avait fondé le *Grand*

---

(1) SAUVAL. Tome III, p. 28.
Ce Sanitat de Sauval était évidemment la Charité Chrétienne, appelée aussi
Sanitat dans le tome troisième des *Documents pour servir à l'histoire des hôpitaux* (p. 169, 170, 188 et 278), que François Ier avait voulu fonder en 1519 pour
les pestiférés, et dont nous avons parlé précédemment à propos de l'autorisation,
accordée aux maîtres de l'Hôtel-Dieu de prendre à Bicêtre les pierres, dont ils
auraient besoin pour cette construction. Faute d'argent les travaux en furent
arrêtés et rien ne fut achevé.
« En 1514, deux bourgeois de Paris, Henry Guyet et Christophe Aubery, ache-
« tèrent de l'Hôtel-Dieu trois cents écus d'or soleil les terres situées à St-Ger-
« main des Prés, au lieu dit le Sanitat et ce pour la mace de pierre et gros mur
« despieça encommancée audit lieu. »
Sans forger d'hypothèses trop hardies, on peut conclure de cette citation que
les deux bourgeois, acquéreurs en 1514 de l'ancien Sanitat, sont les deux mêmes
qui d'après Sauval firent terminer en 1556 l'hôpital, qu'ils destinèrent aux vénériens.

Bureau des Pauvres ou de l'*Aumône générale* pour secourir les nécessiteux. Les Maîtres de l'Hôtel-Dieu et les marguilliers de Saint-Eustache, qui voulaient à tout prix se débarraser des vénériens, crurent l'occasion favorable : ils se plaignirent énergiquement de l'infection et de l'incommodité que causaient ces malades dans leurs maisons. Le Grand Bureau des Pauvres consentit à les recevoir, mais il y mit des conditions : par une convention signée le 7 février 1559 et approuvée par le Parlement, il exigea des maîtres de l'Hôtel-Dieu vingt livres tournois mensuellement pour pourvoir à leur nourriture et leur entretien, et par une clause particulière il spécifiait que les admissions ne seraient que de quatre par semaines.

Comme le Grand Bureau n'avait à sa disposition que l'hôpital des *Petites-Maisons*, ancienne Maladrerie Saint-Germain, destiné uniquement aux vieilles gens infirmes et aux insensés (1) et l'hôpital de la *Trinité* pour les enfants pauvres, on chercha à remédier à cet inconvénient en trouvant un vaste local. Les administrateurs des trois établissements, intéressés à l'affaire, se réunirent au Palais (10 août 1559) et demandèrent qu'on leur donnât l'hôpital de *Lourcine* ou de *Saint-Marcel*, pour l'instant inoccupé. Le 25 septembre 1559 sur leur demande, la Chambre des vacations décida que tous les vénériens seraient reçus par le Grand Bureau, qui les ferait soigner dans cet hôpital.

Par un acte de sauvagerie incroyable, ces malades étaient contraints, avant de commencer tout traitement, à se soumettre à la peine de la fustigation et après leur guérison sous le fallacieux prétexte de les empêcher de retomber dans le « *péché de paillardise* », on recommençait à leur infliger la même correction.

Aucun document ne prouve que cet hôpital de *Lourcine* ait été utilisé pour les syphilitiques ; et s'il le fut, ce n'aurait été que pendant une courte période, puisqu'en 1578 Nicolas Houël y installait la *Charité chrétienne*, destinée à élever quelques orphelins « dans la piété, les belles-lettres et l'art de l'apothicairerie ».

Les conventions, passées entre les Maîtres de l'Hôtel-Dieu et les Directeurs du Grand Bureau, ouvrirent l'ère des contestations et des procès. Les premiers ne voulaient point payer la somme promise, les seconds se refusaient alors à admettre les vénériens. Aussi malgré ce traité il y avait encore en 1562 des syphilitiques à

(1) Appendice I (*bis*).

l'Hôtel-Dieu. Perreau, l'un des Maitres, dans le rapport de cette année, constate « que le lieu où l'on met les garsons vérolés estant trop « petit pour les recevoir, on est contraint de les répandre dans les « autres salles ce qui peut incommoder et causer de graves acci- « dents tant aux pauvres malades qu'aux personnes de qualité qui « les viennent visiter » (1).

Les débats en virent à un tel degré d'acuité que le 11 octobre 1578, les Commissaires du Grand Bureau adressèrent une requête à la Cour pour saisir les revenus de l'Hôtel-Dieu en garantie de paiement. Les hostilités ne prirent fin qu'en 1614 ; dans une assemblée, présidée par le Procureur Général, les Maitres de l'Hôtel-Dieu consentirent à rembourser tous les arrérages et à fournir régulièrement chaque année la somme de deux cent soixante livres tournois. A partir de ce jour il y eut à la porte de l'Hôtel-Dieu un crocheteur qui, lorsqu'on y apportait des vénériens, les chargeait sur ses épaules et allait les porter au Grand Bureau (2).

Avec le temps les magistrats s'étaient départis de leur première sévérité. Les vénériens pouvaient se faire soigner chez eux aux frais du Grand Bureau des Pauvres en se faisant inscrire à l'*Aumône Générale*, et ils étaient traités par des chirurgiens barbiers. Une *Instruction* pour la police de la ville, datée de 1582 (3) et une autre *Instruction* pour les commissaires du Grand Bureau donnent à cet égard les renseignements les plus précis.

Comme le Grand Bureau ne possédait que deux hôpitaux : celui des *Petites-Maisons*, destiné aux vieillards infirmes des deux sexes et aux fous et celui de la *Trinité* pour les enfants, il lui fallut chercher encore un local pour les syphilitiques, — car nous venons de voir qu'à l'hôpital de *Lourcine* on avait installé à leur lieu et place, la *Charité chrétienne* de Nicolas Houël. — On ne trouva point de combinaison préférable à celle, qui consistait à les mettre en pension chez des chirurgiens barbiers. Les commissaires s'entendirent donc avec certains d'entre eux, qui durent toujours avoir dès lors dans leurs maisons des loges pour les vénériens. Chaque année sur ses cent dix mille livres de revenus, le Grand Bureau en consacrait

(1) *Documents pour servir à l'histoire des hôpitaux de Paris*, t. I, p. 157.
(2) *Documents pour servir à l'histoire des hôpitaux de Paris*, t. I, p. 48.
(3) Instruction pour la police des pauvres. *Recueil Theisy.*

quatre à cinq mille pour les faire panser et cent vingt pour leur
acheter des chemises (cette dernière somme était le produit d'un
don fait par une certaine dame Pévin). En 1618 ils étaient traités, les
hommes chez le chirurgien Bourgin et les femmes chez la veuve du
chirurgien Le Moyne (1). En 1668, hommes et femmes étaient réunis
chez un sieur Le Moyne, probablement un descendant de la veuve
précitée (2), à qui l'on donnait pour cela une somme de quatre mille
livres.

Deux fois par semaine, le lundi et le mercredi on les recevait au
Grand Bureau. Mais avant de commencer à suivre le traitement, ils
devaient souffrir la peine du fouet, s'ils ne prouvaient pas qu'ils
avaient « pris ladite maladie par inconvénient et sans leur faute
« comme une femme de bien à qui son mari paillard l'a donnée, ou
« la femme impudique à son mari, ou la nourrice à l'enfant, ou l'en-
« fant à la nourrice. » Exception était faite pour les soldats sur un
certificat d'un de leurs officiers. En cas de refus on les renvoyait sans
les soigner. Une dernière formalité restait à remplir : apporter un billet de confession. Cela fait, ils pouvaient enfin prendre possession des
loges, à eux destinées. Deux fois par mois les Commissaires venaient
les visiter et s'informer, s'ils avaient le nécessaire et s'ils n'avaient
point de réclamations à adresser (3).

Jusqu'au jour où les vénériens seront admis à Bicêtre, tout restera
dans le même état de choses; et seul à Paris le Grand Bureau sera
chargé de ce service. Malheureusement peu de malades étaient à même
de profiter de sa générosité, car le nombre des admissions n'était
que de quatre par semaine. Ainsi en 1664 (4) parmi les deux mille
neuf cents pauvres à la charge de l'*Aumône générale*, cent seulement
sont atteints de syphilis.

(1) Appendice I et *Bibliothèque nationale*. Manuscrit n° 18,606 : le *Grand
Bureau des Pauvres*.

(2) Il y avait alors à Paris deux sortes de chirurgiens, qui faisaient partie des
corporations des métiers ; les uns formaient le collège des chirurgiens, associés
à tous les privilèges de l'Université, les autres, appelés chirurgiens-barbiers,
tenaient boutiques et avaient pour enseignes un bassin et un plat à barbe. Les
veuves de ces derniers avaient le droit, en prenant un apprenti chirurgien, de
continuer le métier de leurs maris, jusqu'à ce qu'elles eussent cédé la clientèle.

(3) Abrégé du nombre des pauvres qui dépendent du Grand Bureau : *Bibliothèque nationale*. Manuscrits n° 18,606. Appendice I.

(4) Abrégé du nombre des Pauvres qui dépendent du Grand Bureau : *Bibliothèque nationale*, Manuscrit n° 18606. Appendice I (*bis*).

Dans cette courte étude nous croyons n'avoir omis aucun des hôpitaux ou des établissements, qui leur furent ouverts, et nous terminons en concluant que les vénériens, quoi qu'on en ait pu dire et avancer sans preuves, ne furent jamais laissés sans traitement. La charité n'est point une vertu moderne, elle a existé à toutes les époques. Jamais les malheureux ne furent abandonnés à leur sort infortuné, on les secourut toujours.

2° — Les Vénériens à Bicêtre.

Lorsque Louis XIV fonda l'Hôpital-Général par l'article VI du règlement d'avril 1656 ainsi conçu : « Ne seront reçus à l'Hôpital-Gé-« néral les Pauvres mendiants, affligés de lèpre, de maladies conta-« gieuses ou mal vénérien, mais seront à la diligence des Directeurs, « envoyés à ceux qui doivent en avoir soin » ; il avait été décidé qu'aucun syphilitique n'y serait admis.

Aussi Cullerier et Parent-Duchâtelet prétendent-ils à tort que malgré cette défense, les vénériens n'auraient point tardé à être acceptés à Bicêtre. En 1661 il aurait fallu d'après le premier d'entre eux trente livres de mercure pour les soigner; le second fixe à deux cents cinquante les entrants, atteints de cette affection. Tout fait supposer que leurs renseignements à cet égard sont inexacts, car d'après les procès-verbaux des visites, faites à Bicêtre en 1661 (1) par Pierre Payen et Doujat et en 1663 par Saintot et Doujat, aucun vénérien ou *gâté*, comme on les appelait alors, n'est marqué sur les listes de dénombrement des diverses catégories de Pauvres Enfermés.

Au contraire, les Directeurs, aussitôt qu'un syphilitique se présentait à l'admission, se retranchaient derrière l'article VI pour motiver leur refus d'entrée. Parmi les femmes enceintes, acceptées à Sainte-Marthe de Scipion, avant le huitième mois de leur grossesse, s'en trouvait-il qui fussent en puissance de vérole, ils les renvoyaient au Grand Bureau des Pauvres. — En 1659 (2) celui-ci n'ayant pas voulu les recevoir sous prétexte qu'on ne pouvait les traiter sans nuire à leurs enfants, ils s'adressèrent à la Faculté de Médecine pour juger le conflit. Débouté de ses prétentions par les médecins, le Grand Bureau

(1) Appendices IX et X.
(2) *Code de l'Hôpital-Général*, p. 104.

dut continuer comme par le passé à admettre les femmes, contaminées.

Pourquoi aurait-on toléré à Bicêtre, ce qu'on ne supportait point à Sainte Marthe. Tant qu'il put s'en dispenser, l'Hôpital-Général fut impitoyablement fermé aux vénériens. Ses chirurgiens avaient l'ordre de ne jamais en accepter. A la Salpêtrière, toutefois, leur contrôle était souvent illusoire, car on ne leur permettait d'examiner les femmes que lorsqu'elles avaient sur la figure les stigmates de la maladie. Dans cette dernière maison il y avait déjà en 1679 une petite salle, la Miséricorde, où on les plaçait avant leur départ pour le Grand Bureau. Dans la première semaine d'octobre de cette même année. elles s'y trouvaient au nombre de six et de trente-trois dans la seconde semaine du même mois (1).

Comme le Grand Bureau se plaignait à juste raison que ses ressources eussent beaucoup diminué, depuis la fondation de l'Hôpital-Général (en effet les aumônes des Parisiens charitables se partageaient entre les deux établissements) et que ses charges fussent restées les mêmes; le roi, prenant en considération ses réclamations, décida que les syphilitiques des deux sexes seraient soignés dans les maisons de l'Hôpital-Général. Dès lors ils furent admis officiellement à la Salpêtrière et à Bicêtre.

Faute de documents, il est difficile d'assigner une date précise à cette ordonnance royale. A la Salpêtrière dès le mois d'avril 1684 on cessa d'envoyer les vénériennes au Grand Bureau ; car par un règlement du 20 de ce mois les femmes débauchées furent incarcérées dans cet hôpital. « Les dites femmes, y était-il dit, seront néanmoins « traitées des maladies, qui pourront leur survenir, sans sortir du « lieu où elles seront enfermées, sous quelque prétexte que ce soit, « hors le cas d'une nécessité indispensable (2) ». Parmi elles beaucoup devaient vraisemblablement être atteintes de cette affection, et comme on ne pouvait songer à les faire soigner au dehors, un local leur fut préparé.

En 1685, les Commissaires du Grand Bureau s'occupaient encore des syphilitiques comme le montre le passage suivant : « M. Levieulx,

(1) *Bibliothèque Nationale*. Manuscrit n° 21,801, p. 181.
(2) N° 21,804 : *Règlement que le roi veut être exécuté pour la punition des femmes d'une débauche publique et scandaleuse et pour leur traitement à la Salpêtrière, où elles seront renfermées*, p. 203.

Maître de l'Hôtel-Dieu, a dit que les Commissaires du Grand Bureau
« prient la Compagnie de ne leur envoyer les pauvres affligés de grosse
« vérole, que les lundis et les vendredis, qu'ils s'assemblent et que les
« pauvres soient porteurs du billet, signé de l'un des Maîtres-gouver-
« neurs de l'Hôtel-Dieu. Ce que la Compagnie a arrêté d'observer.
« 21 novembre 1685 (1) ».

Lorsque l'Hôpital-Général eut à traiter les vénériens, il en chargea
les chirurgiens du Grand Bureau, qui connaissaient fort bien cette
maladie. Cullerier assure qu'en 1690 par arrêté du Parlement ils
furent, hommes et femmes, réunis à Bicêtre (2). Moins heureux que
lui nous n'avons pu découvrir cet arrêté. Sans en mettre en doute
l'authenticité, nous avons cependant constaté qu'il ne fut pas mis
immédiatement à exécution; puisqu'en juin 1701 il y avait encore à
la Salpêtrière quarante femmes gâtées contre dix-huit hommes seulement à Bicêtre (3). Cette réunion n'eut lieu que six mois plus tard.

D'après deux *États de la qualité des Pauvres de l'Hôpital Général*, il y
a à Bicêtre, le 28 décembre 1701, soixante-quinze femmes et hommes
syphilitiques; et le 8 mars ils ne sont plus qu'un nombre de soixante-
dix. Pourtant à partir de ce jour leur nombre va toujours en augmentant. En 1726 les malades des deux sexes y atteignent le chiffre
de cent quatre-vingt-dix.

Les administrateurs de l'Hôpital-Général employaient tous les
moyens pour se débarrasser des vénériens. Dans une assemblée,
tenue le 19 novembre 1702 chez le Premier Président, on prenait
cette décision : « Pour soulager l'Hôpital-Général des dépenses,
« qu'on y est obligé de faire pour la guérison des mendiants,
« attaqués de maladies vénériennes et qui y viennent de tous les
« points de la France, M. le Procureur Général a bien voulu pro-
« mettre d'en faire recevoir un par semaine au Grand Bureau et
« même dans la suite un plus grand nombre, quand les dépenses du
« Grand Bureau seront diminuées. Et pour contenir ces malades
« peu dignes de compassion et leur faire appréhender de revenir
« une seconde fois à l'hôpital, ce qui arrive à plusieurs, on a cru qu'il

(1) *Documents pour servir à l'histoire des Hôpitaux de Paris.* T. I, p. 229
(2) CULLERIER. *Loc. cit.*
(3) *Archives nationales.* R. 1,020. — Liste et qualité des Pauvres, jointes à
l'annonce de la loterie de l'Hôpital-Général et des Enfants-Trouvés. — Juin 1701,
— Appendice XII, XIII, XIV.

« serait bon de leur imposer quelques peines, après leur guérison » (1).

Rien ne prouve que cette délibération reçut même un commencement d'exécution. Pour les châtiments temporels, infligés aux vénériens, on y avait renoncé depuis longtemps déjà, et ils ne furent point rétablis.

Deux salles leur sont réservées à Bicêtre, la Miséricorde pour les femmes et St-Eustache pour les hommes. Le 23 avril 1722, Fermelhuis, médecin de l'Hôpital-Général, se plaint qu'ils soient entassés dans des dortoirs trop étroits et imprégnés de mercure, d'où résultent pour les malades, respirant un air corrompu et saturé de vapeurs mercurielles, des maux de gorge continuels et des ulcérations buccales, affections qui prolongent leurs souffrances et retardent leur guérison. Sur ses représentations on fit gratter et blanchir les murailles à la chaux. Deux ans plus tard on dut les faire rebâtir, le mercure ayant continué son travail destructeur (2).

En 1730, après une visite faite à Bicêtre par Maréchal, premier chirurgien du roi, on construisit une salle de bains. Pour remplacer les vieux bâtiments, on résolut de faire élever dans les jardins un pavillon, on commença les travaux : cent cinquante mille livres furent dépensées ; mais rien ne fut achevé.

En 1787, à l'entrée de Cullerier à cet hôpital, comme gagnant maîtrise, le service est ainsi organisé :

A St-Eustache, destiné aux hommes, il y a au rez-de-chaussée une salle de bains. Deux salles au premier étage contiennent cinquante-six lits pour les personnes en traitement; au second une première salle avec vingt-quatre petits lits sert d'infirmerie aux plus souffrants, une autre avec douze grands lits à huit places est réservée aux expectants, habituellement au nombre de quatre-vingts, mais parfois de cent quarante.

Les femmes sont plus grandement logées à la Miséricorde. Au rez-de chaussée, à gauche, se trouve leur infirmerie, et à droite, une salle de bains. Au premier étage, dans une soupente, les galeuses ont à leur disposition huit grands lits ; à droite, une autre salle renferme vingt-six petits lits pour les femmes en traitement; à gauche, une grande pièce, divisée en trois parties, dont les deux premières

(1) *Bibl. nationale,* manuscrit n° 16,750, p. 210.
(2) *Collect. Joly de Fleury,* n°ˢ 1222 et 1229. Appendices XVII et XVIII.

contiennent seize lits pour les protégées et les femmes enceintes, et dans la troisième, quatre-vingt malades sont entassées dans huit grands lits. Au deuxième étage, vingt-quatre femmes couchent seules. Au troisième étage d'un grand pavillon, soixante à quatre-vingt détenues, envoyées de la Salpêtrière, attendent le traitement.

Les expectants, dont le nombre oscille entre deux cents et deux cent cinquante, sont obligés, vu l'insuffisance des lits, de se coucher une première moitié de sept heures du soir à une heure du matin, puis de céder la place à la seconde, qui se repose de une heure à sept heures (1).

Le bâtiment, où on les mettait, était sombre ; les croisées clouées, le carreau couvert d'ordures et les paillasses remplies de paille, qui n'avait point été renouvelée depuis des années, en rendaient le séjour encore plus horrible. Ces malheureux restaient là huit et neuf mois et souvent un an, avant qu'on songeât à les soigner. Leur nourriture au lieu d'être substantielle était insuffisante, on ne leur donnait point assez de viande ; tous les bons morceaux étaient réservés aux prisonniers. De temps en temps on leur délivrait des sorties pour aller vaquer à leurs affaires.

Tous les deux mois, on commençait un nouveau traitement, on y admettait à la fois cinquante-quatre hommes et cinquante-deux femmes. Ils ne savaient jamais quand leur tour arriverait. Là plus que partout ailleurs, les protections étaient d'une grande efficacité.

Il y avait parmi eux trois catégories : les protégés, les plus anciens et les plus malades; ceux de la première passaient toujours les premiers. Il faut bien l'avouer à la honte des chirurgiens, qui avaient précédé Cullerier ; la plupart d'entre eux, recevant de l'administration une indemnité pécuniaire dérisoire, ne se faisaient pas faute de trafiquer de leur protection. Lallemand, qui avait été à même de juger de *visu* de ce qui se passait, ayant été compagnon en chirurgie à Bicêtre, a raconté à Parent-Duchâtelet que pour se faire admettre dans la première catégorie il était nécessaire de s'adresser au gouverneur de l'emploi et de lui remettre trois pièces d'or (72 livres) pour le chirurgien et à lui personnellement quarante huit sols. Ceux qui ne voulaient ou ne pouvaient payer cet impôt forcé, étaient bien souvent renvoyés, malgré leurs billets d'entrée.

(1) CULLERIER. *Loc. cit.*

Le mode d'admission consistait en un certificat, délivré par l'un des chirurgiens de l'Hôtel-Dieu et visé par le lieutenant de police. Le traitement était gratuit, mais nous venons de voir que de fait il n'en était pas ainsi.

A la Miséricorde on mettait pêle-mêle les nourrices, les femmes mariées, les jeunes filles et les prostituées, venues du Châtelet, de la Conciergerie, de la Force et de la Salpêtrière. Pourtant les femmes malades, n'ayant que cette maison où on les soignât, étaient heureuses d'y être reçues ; quelques-unes, qui n'avaient pu y réussir, n'hésitaient point à se faire arrêter comme vagabondes, sachant qu'on les enfermerait à la Salpêtrière, d'où on les enverrait directement à Bicêtre.

Un tel état de choses dura près d'un siècle, et malgré la bonne volonté des administrateurs, faute de capitaux ils ne pouvaient y remédier. C'était un hideux spectacle que de voir réunis dans ce lieu tant de gens couverts de plaies et d'ulcères. Souvent des parents y conduisaient leurs enfants pour leur montrer ce triste tableau et les prémunir ainsi contre le vice.

Traitements suivis à Bicêtre.

Tout d'abord les médecins ne confondirent pas la vérole avec les autres affections vénériennes, qui leur étaient familières ; ils la décrivirent comme un mal nouveau et spécial, qu'ils ne connaissaient ni par eux-mêmes ni par les écrits de leurs prédécesseurs. Mais peu après dans toute l'Europe, syphilis, gonorrhée, blennorrhagie, chancres mous, indurés et phagédéniques, bubons et uréthrite ne formèrent plus qu'une seule maladie et un traitement unique leur fut appliqué (1).

Le traitement, que l'on faisait suivre à Bicêtre, consistait en frictions mercurielles répétées. Un infirmier, chargé spécialement de les administrer, était surnommé le *Frotteur* et les malades, qui revenaient sept à huit fois à l'hôpital, désignés sous le sobriquet de *chevaux de la casserole*, du nom du vase dans lequel on mettait la pommade (2) mercurielle.

(1) *Jean de Vigo.* ALFRED FOURNIER.
(2) Père RICHARD.

Les chirurgiens du Grand Bureau des Pauvres, qui soignèrent au début les syphilitiques de Bicêtre, furent remplacés vers 1710 par un charlatan, qui avait su gagner la confiance des administrateurs; mais comme il était aussi ignorant que présomptueux, il fut vite remercié et l'on confia le service au chirurgien gagnant maîtrise de la maison.

Maréchal, après la visite, dont nous avons déjà parlé, adressa au roi le rapport suivant : « J'ai vu les vénériens, j'ai examiné ceux qui « venaient de passer aux remèdes, ils étaient assez bien guéris, mais « leur convalescence est pénible; j'ai vu ceux qui n'étaient pas encore « entrés en traitement, j'ai été effrayé de leur état, le temps, qu'ils « sont obligés de rester pour attendre leur tour, est un mal pire que « celui qui les a conduits à l'hôpital, il vaudrait mieux mettre ces « malades dans une grange, dans une écurie sur de la paille que « de les laisser languir dans la dangereuse situation où ils sont. Il est « de toute nécessité de les retirer de cette atmosphère pestiférée. » Ses observations n'eurent presque aucun résultat et les seuls change- ments apportés consistèrent dans l'installation de salles de bains.

L'école de Bicêtre préconisait le *Grand Remède*, c'est-à-dire cherchait à obtenir la salivation et croyait que les malades n'étaient guéris qu'à condition que les *humeurs déplacées* se portaient à la bouche, et elle s'efforçait de produire les ulcérations buccales. Voici en quoi il consistait et comment on l'appliquait :

On commençait par interdire au patient tout exercice, on dimi- nuait considérablement la quantité de ses aliments, on le mettait même à la diète, on le saignait au bras ou au pied; le lendemain on le purgeait avec de la manne et des follicules de séné. Les jours sui- vants on lui donnait des bains qu'on poussait jusqu'à vingt; il devait y rester une heure ou une heure et demie le matin à jeun, et dans l'après-midi, il recommençait trois ou quatre heures après avoir mangé. L'eau ne devait point être trop chaude. Dans chaque bain on lui faisait prendre une tasse de tisane de bourrache, de buglosse, de chicorée sauvage et de cerfeuil. Les bains finis, on le saignait, on le purgeait à nouveau; et on l'astreignait toujours au même régime débilitant. On en arrivait aux frictions mercurielles: le point impor- tant consistait dans la manière de les appliquer. Le malade se tenait debout devant un feu flambant, on frottait d'abord à sec avec les mains la partie, sur laquelle on devait appliquer l'onguent, jusqu'à ce que la peau devînt rouge, afin, disait-on d'ouvrir davantage les pores. Cela fait, on frottait de nouveau, jusqu'à ce que cet onguent commençât à sécher. La première friction se faisait aux deux jambes, depuis les malléoles jusqu'aux genoux ; la seconde aux cuisses et aux fesses ; la troisième aux deux bras depuis les épaules jusqu'aux poignets et la quatrième au dos. Il ne fallait ordinairement que trois à quatre frictions pour amener la salivation, lorsque celle-ci était trop abondante on faisait rincer la bouche avec une décoction des racines de guimauve ; si des abcès et des ulcérations trop profondes survenaient, on les touchait avec un collyre astringent (1).

Les médecins et les chirurgiens finirent par s'apercevoir que cette médication dépassait le but et avait de graves inconvénients. Dès 1718 Chicoyneau avait soutenu qu'il était possible de guérir la vérole sans salivation et il avait inventé la méthode, désignée sous le nom de traitement par *extinction*, adoptée aussitôt par l'école de Montpellier. Elle consistait dans l'usage de frictions, faites de manière à ne point produire cette salivation. En agissant ainsi, Chicoyneau obtint d'excellents résultats, mais il attribuait ses cures heureuses à une cause fausse : la non élimination du mercure par la bouche.

Ce ne fut qu'en 1777 que les chirurgiens de Bicêtre commencèrent à appliquer la méthode par *extinction*. Dès lors la salivation fut évitée avec grand soin ; au moindre accident du côté de la bouche on faisait marcher le malade jusqu'à la fatigue, on lui ôtait ses linges (car tant que durait la cure par les frictions, le patient restait enveloppé dans des linges plus ou moins sales), on le saignait, on le purgeait, on suspendait momentanément la *frotte* et on ne la reprenait que lorsque l'accès était calmé, et on mêlait du camphre à la pommade mercurielle pour en diminuer les effets.

La cupidité enfanta une foule d'inventeurs, qui tous avaient découvert des spécifiques infaillibles. Des remèdes plus ou moins inoffensifs furent prônés dans les Gazettes du temps. Entre autres : le sirop végétal de Velno, la tisane de Feltz, les remèdes de Nicolas et d'Agironi.

Pour avoir un plus vaste champ d'expérience, ces intrigants ne craignaient point de demander qu'on leur ouvrît les salles de Bicêtre, promettant de guérir les vénériens plus rapidement que les chirur-

(1) *Traité des maladies vénériennes.* FABRE. Paris, 1783.

giens de l'hôpital. A deux reprises, cette autorisation leur fut accordée.

Un certain Charbonnière, ancien huissier au Parlement d'Aix, arriva un beau jour à Paris (1737), où il se démena tellement qu'il obtint la protection de quelques docteurs de la Faculté de médecine et put expérimenter aux Invalides et à Bicêtre, avec un fumigateur de son invention. Les résultats furent loin d'être heureux : sur trente-sept malades qu'on lui confia, six succombèrent. Rien de là d'extra. ordinaire, quand on songe que cet homme n'avait aucune notion médicale, qu'il agissait en aveugle et continuait ses fumigations sur des gens qui dès la première séance s'étaient trouvés mal. Son idée était bonne, mais elle n'était pas nouvelle et dès 1550, Brassavole avait préconisé les fumigations, en ayant soin de conseiller quelques précautions : « Denudetur œgrus, disait-il, et sub conopeum exerto capite ponatur et per totum corpus fumum recipiat.

Plus tard, Cullerier et Lalouette se serviront du même procédé, et obtiendront de nombreuses guérisons et de nos jours, il est fort préconisé par quelques médecins.

La façon de *parfumer* employée par Charbonnière était fort expéditive.

Il entourait le malade de ses couvertures, tout habillé, mettait à ses pieds un réchaud plein de braise, sur laquelle il jetait quelques pincées d'une poudre fine (du cinabre), qui rendait beaucoup de fumée; il avait soin de placer un bandeau ou un mouchoir sur la bouche et sur les yeux du patient; par ce moyen l'unique voie ouverte à la fumée était les narines. La durée de la fumigation ne dépassait pas trois à quatre minutes; puis on le faisait coucher une heure dans un lit, bien bassiné, pour le faire suer.

Sans doute Charbonnière avait obtenu quelques succès, puisque la Faculté de médecine lui délivra un certificat, comme quoi elle jugeait que les fumigations, par lesquelles il traitait les maladies véné-riennes, étaient un bon remède, utile au public par son efficacité, commode pour les malades par sa compatibilité avec l'administration de leurs affaires domestiques et avantageux par son prix peu élevé (23 mai 1730) (1).

---

(1) *Lettre d'un médecin à un de ses amis concernant le remède de M. Charbon-nière*. Bibliothèque nationale.

Malgré ce certificat, la médication de Charbonnière ne fut point continuée à Bicêtre; on trouva que des expériences, qui avaient coûté la vie à six personnes, devaient être proscrites.

En 1755 un certain Keyser, inventeur de dragées et pilules anti-vénériennes, obtint également, sur la recommandation du premier médecin du roi la permission de soigner quelques malades à Bicêtre. Quatre syphilitiques, qui lui furent confiés, n'éprouvèrent aucun soulagement. Vingt autres reprirent de ses pilules et le résultat ne fut pas meilleur. Keyser accusa alors Thomas, chirurgien de Bicêtre, de n'avoir pas administré son remède.

Cette querelle a pour nous l'avantage de nous apprendre quel était le nombre de vénériens de l'hôpital, à cette époque. Car pour montrer la supériorité de son traitement sur celui de Keyser, Thomas publia le relevé des entrées et des sorties de son service. Si ses chiffres sont exacts, il pouvait sans crainte défier toute concurrence ; et aucune médication n'était préférable à la sienne.

Examen des registres de Bicêtre.

TABLEAU TOUCHANT LE NOMBRE DES VÉROLÉS GUÉRIS OU MORTS PENDANT LA DERNIÈRE ANNÉE 1755

Hommes parmi lesquels il y a eu des enfants de quatre, cinq et six ans ainsi que des vieillards de quatre-vingts ans.

Nombre d'hommes { Guéris . . . . 420 } 423
{ Morts . . . . 3 }

Femmes, parmi lesquelles il y a eu des enfants à la mamelle ; d'autres de quatre, cinq et six ans et des femmes de soixante-dix ans et d'autres enceintes.

Femmes { Guéries . . . . 450 } 450
{ Mortes. . . . . 0 }

Je, économe de l'hôpital de Bicêtre, certifie l'extrait ci-dessus véritable et conforme à mes registres. Fait audit Bicêtre le 3 février 1756. Signé Honnet (1).

Il ressort de cette statistique un fait déplorable, c'est que les enfants de quatre ans étaient mis pêle-mêle dans les salles avec les hommes

(1) *Le Préservatif ou avis au public*, par THOMAS, Bibl. nationale, T⁴³-58.

et les femmes. C'était avoir peu de respect pour un âge aussi tendre que de laisser vivre ces petits malheureux dans un pareil milieu.

3° — Autres hôpitaux de vénériens.

Bicêtre n'était pas la seule maison où les vénériens fussent admis. D'autres hôpitaux avaient des lits à leur offrir; mais pour y entrer, il fallait remplir certaines conditions. Pour compléter notre travail sur les vénériens nous en dirons quelques mots.

1° Hopital des Petites-Maisons.— Cet hôpital, situé sur l'emplacement de l'ancienne Maladrerie St-Germain, en bordure sur la rue de Sèvres entre les débouchés des rues du Bac et de la Chaise, et fondé grâce surtout aux libéralités de Jean Luillier de Boulencourt, président à la Chambre des Comptes, faisait partie du Grand Bureau des Pauvres. Son nom provenait de ce que l'ensemble de ses constructions se composait de petites maisons séparées les unes des autres. Voici ce qu'en 1639 en disait Du Breul : « Il y a en cet hôpital « plusieurs logis et chambres, esquelles sont logez les pauvres estro- « piez et impotens, vieillards caducs n'ayant puissance de gaigner « leur vie, qui y sont nourris, alimentez et chaufez en deux chau- « foirs communs, faits en forme de cloche, l'un du côté des hommes « et l'autre du côté des femmes..... Plus au dit hospital sont receus « les enfans et pauvres cagnardiers, tant fils que filles qui sont « malades de la teigne, qui l'ont gaignée à coucher les uns en bas- « teaux, les autres sous les estaux ou par les rues et sont pensez, « médicamentez et guéris... Encore sont reçues audit hospital plu- « sieurs femmes malades du mal caduc : nommé le mal Saint-Jehan « et autres pauvres alliénez de biens et de leur esprit et courans les « rues comme fols insensez, desquels plusieurs avec le temps et bon « traitement qu'on leur faict, reviennent en bon sens et santé. »

L'hôpital des Petites-Maisons avait été institué principalement pour recevoir les vieilles gens pauvres et infirmes. On leur imposait pour l'admission les trois conditions suivantes : 1° Être âgé de soixante-dix ans ; 2° Avoir été reçu précédemment à l'*Aumône* du Grand Bureau; 3° Inscrit sur le *Rôle* de l'établissement.

Voici en quoi consistait cette inscription. Le nombre de places y étant fixe et restreint les postulants adressaient leurs demandes, plusieurs années à l'avance, aux commissaires des Pauvres, qui les transcrivaient sur un registre spécial, suivant leur ordre de date. Il fallait en outre être veuve ou veuf et le justifier par la présentation de l'extrait mortuaire du conjoint ou de la conjointe (1). Il y avait pour cette catégorie de gens, qui formaient le groupe le plus important, cent cinquante lits pour les hommes et autant pour les femmes (2).

Quarante-huit loges y étaient aménagées pour les fous.

L'hôpital Ste Reine, situé à côté, en était une annexe. On y soignait moyennant trente francs, versés en entrant, les enfants teigneux. Les couchettes étaient au nombre de dix pour les petits garçons et douze pour les petites filles.

Jusqu'au milieu du dix-septième siècle on ne songea point à y admettre les syphilitiques, quoiqu'un de nos plus illustres syphiliographes ait appelé les Petites-Maisons la Bastille des vénériens et ait dit que ces malades, avant leur réception à Bicêtre, y furent traités pendant plus de cent ans. Tant que le Grand Bureau fut obligé de s'occuper d'eux, il les envoya, comme nous l'avons déjà mentionné, à ses frais chez des chirurgiens barbiers et jamais alors il ne les accepta aux Petites-Maisons.

Toutefois cet hôpital ne leur fut point toujours aussi rigoureusement fermé, mais ceux, qui y furent reçus, constituaient une classe particulière d'individus.

En France ce fut seulement au dix-septième siècle, que l'on organisa régulièrement l'armée permanente et qu'on la divisa en régiments et en compagnies. (3). Il fallut alors loger les soldats ; comme on n'avait point de casernes, on les mit chez les habitants (4). A Paris les propriétaires et les locataires durent suivant l'importance de leurs revenus ou de leurs loyers recevoir chez eux un ou plusieurs Gardes Françaises ou Gardes Suisses. C'étaient des hôtes peu commodes, qui souvent sous divers prétextes obligeaient ceux, chez qui ils demeuraient, à leur donner des sommes considérables. Pour se débarrasser de cette communauté peu agréable, les bourgeois parisiens

(1) Collection Joly de Fleury. Les Petites-Maisons. N° 1238.
(2) TENON. Loc. cit.
(3) SUZANNE. Histoire de l'Infanterie Française.
(4) ISAMBERT. Recueil : Ordonnance du 14 août 1660.

R.

offrirent de s'imposer d'office et de faire construire de leurs deniers des casernes. Leur proposition fut acceptée (1).

L'Hôpital des Petites-Maisons possédait au Faubourg St-Germain plusieurs maisons, et par conséquent, devait sa quote-part dans la cotisation. Pour s'exonérer de cette charge, il passa avec les colonels de Gardes Françaises et des Gardes Suisses (ou peut être directement avec l'administration de la guerre) une convention, par laquelle il s'engageait à ouvrir ses portes aux soldats de ces deux régiments, atteints de *maladies honteuses*, à condition qu'il ne donnerait rien pour la construction des casernes.

Dans une partie de l'établissement appelé la *Maladrerie*, on installa pour eux des chambres ; elles étaient petites et basses de plafond. Le nombre de lits mis à leur disposition, était de sept pour chacun des deux *corps*. Les commissaires du Grand Bureau n'admettaient par semaine qu'un Garde Française et un Garde Suisse ; s'ils s'en présentaient plusieurs le même jour, le chirurgien prenait seulement les deux plus malades.

En moyenne on y traitait cent soldats par an. Le chiffre maximum est de 114 et le minimum de 57 (2).

Le traitement, qui pendant longtemps avait été gratuit, avait fini par être tarifé pour les Gardes Françaises à une pistole et à dix-huit livres pour les Gardes Suisses. Plus tard, les uns et les autres payèrent trente livres.

Comme quelques civils, dégoûtés par la promiscuité de Bicêtre et effrayés par la longueur de l'attente dans la salle de St-Eustache, avaient pu, grâce à la complicité des chirurgiens-majors, se faire passer comme soldats et entrer ainsi aux Petites Maisons, les Commissaires du grand bureau firent installer dans cet hôpital une salle de dix-huit lits, où le public fut admis à se faire soigner au prix de cent-soixante-cinq livres pour toute la durée du traitement ; de la sorte cette fraude fut réprimée.

Comme on le voit, les vénériens, admis aux Petites-Maisons, furent toujours peu nombreux.

---

(1) ISAMBERT. *Recueil d'Ordonnances.* — Arrêt du Conseil, qu'à la diligence du Prévôt des Marchands et des Echevins, il sera construit des casernes pour soulager les bourgeois de Paris, assujétis aux logements des soldats. Versailles, 14 janvier 1692.

(2) Collection Joly de Fleury. N° 1238.

2° L'Hopital militaire des Gardes Françaises et des Gardes Suisses, rue St-Dominique au Gros-Caillou, avait également des salles pour eux. Le contraste était frappant entre le confort de cette maison et la pénurie de Bicêtre. Louis XVI par une ordonnance du 2 mai 1778, ayant décrété que tout soldat, qui serait traité trois fois d'une maladie vénérienne, servirait deux ans au delà de son engagement ; beaucoup de malades dissimulèrent alors leur affection et ne voulurent plus aller à l'hôpital militaire. Ce qui faisait que les lits destinés aux syphilitiques n'étaient que rarement occupés, par suite de la malencontreuse idée du roi.

3° L'Hopital des Invalides avait aussi dans ces infirmeries quelques lits pour les vénériens. Inutile de faire remarquer que seuls les pensionnaires de la maison en profitaient (1).

4° Maisons de Santé, Hotels Salutaires ou Hotels de Santé. — Vers 1770 le gouvernement avait fait installer dans divers quartiers de Paris, des établissements de charité d'un nouveau genre. Dans les uns, désignés sous le nom de *Maison de Santé*, on traitait gratuitement les vénériens ; dans les autres, appelés *Hôtels Salutaires ou Hôtels de Santé*, on s'occupait indistinctement de toutes les maladies (2).

Les maisons de Santé, au nombre de quatre, se trouvaient situées à la Petite Pologne, à la barrière du Trône, rue Plumet et rue des Brodeurs. Roger, ancien chirurgien-major, dirigeait l'hôpital de la Petite Pologne, destiné aux femmes ; l'hôpital de la rue Plumet, réservé aux femmes et celui de la rue des Brodeurs aux hommes, étaient confiés au chirurgien De Caubotte. Dans ces trois maisons, placées sous la surveillance de de Horne, beaucoup de vénériens venaient chercher la guérison ; pour la quatrième, les renseignements nous font défaut.

Malheureusement les revenus, qui les faisaient subsister, vinrent à manquer ; et on dut les fermer vers 1780. En 1778 les deux maisons des rues Plumet et des Brodeurs avaient à leur tête la veuve du chirurgien De Caubotte (3).

_____

(1) Tenon. *Mémoires sur les Hôpitaux de Paris.*
(2) De Horne. *Observations sur les différentes manières d'administrer le mercure.* Hurtaut, t. III, p.244.
(3) *Journal de Médecine*, t. LV.

5° HOPITAL PARTICULIER DU Dr LALOUETTE. — Le docteur-régent Lalouette avait fondé en 1772 un petit hôpital rue de Seine, où il soignait à ses frais les vénériens par une méthode nouvelle de fumigations mercurielles. D'après les certificats, qui lui furent délivrés par une commission de 12 médecins de la Faculté de Paris, il aurait obtenu de nombreuses guérisons.

Toutefois son Hôpital n'eut qu'une existence éphémère (1).

6° HOSPICE DE VAUGIRARD.— Jusqu'en 1780 les nouveau-nés, atteints de maladies vénériennes, furent mal soignés. On n'acceptait dans aucun hôpital les enfants légitimes, contaminés, issus de parents pauvres et incapables de subvenir aux dépenses d'un traitement long et dispendieux ; faute de soins ils mouraient pour la plupart.

Le sort des Enfants-Trouvés syphilitiques paraissait plus enviable, car on les gardait à l'hospice de la Couche, rue Notre-Dame. Tout d'abord on leur avait donné des nourrices, mais par suite des accidents survenus on avait été obligé de les nourrir avec du lait de vache et de la bouillie, moyen inefficace.

Les directeurs de l'Hôpital-Général, également administrateurs de l'hôpital des Enfants-Trouvés, étaient fort embarrassés. Aux maisons du St-Esprit et des Enfants-Rouges, aussi sous leur direction, les supérieures, se retranchant derrière leurs statuts, refusaient de s'en occuper. En effet, ces deux hospices avaient été institués pour élever des orphelins bien portants et nés de légitime mariage; on ne pouvait donc les contraindre à recevoir des bâtards et des syphilitiques. Puis la supérieure de la Couche se plaignait continuellement que les cas de contagion devinssent de plus en plus fréquents.

Le lieutenant de police Lenoir, pour remédier à un tel état de choses, chargea Colombier, médecin inspecteur général des armées et des hôpitaux, d'installer un hospice où seraient pansés les enfants, les femmes enceintes et les nourrices syphilitiques.

A cet effet un vaste local fut loué à Vaugirard près l'ancienne Église paroissiale, à côté du séminaire des Trente-Trois et situé dans l'emplacement compris aujourd'hui entre les rues de l'abbé Groult et Dombasle.

(1) LALOUETTE. *Nouvelle manière de traiter les maladies vénériennes.*

Colombier s'occupa activement de l'organiser. Le 10 août 1780, on commença à y recevoir des malades. Après avis préalable de la Faculté de médecine, Lenoir avait décidé : 1º que toutes les femmes enceintes, vérolées y seraient admises à sept mois et traitées gratuitement à condition de donner le sein à leur enfant et à un autre nourrisson malade; 2º que les nourrices infectées y seraient également reçues et principalement celles de l'Hôpital-Général et de l'Hôtel-Dieu; 3º que les enfants élevés en ville et nés de parents pauvres, attaqués de cette maladie, y seraient aussi acceptés sur un certificat d'indigence, délivré par le curé de leur paroisse (1).

Les femmes seules suivaient un traitement; pour l'enfant on se contentait de lui donner une nourrice en puissance de diathèse syphilitique, et à qui on faisait des frictions mercurielles.

Colombier mit à la tête du service médical son ami Doublet et se réserva la haute direction de l'établissement. Il y eut aussi un chirurgien. Cette dernière place fut occupée tour à tour par Colin de la Mothe et par Faguier.

Dans un rapport adressé à Louis-XVI à la fin de la première année, Colombier paraissait enchanté de son œuvre et déclarait que la dépense quotidienne de chaque malade ne revenait qu'à vingt sols.

Au mois d'août 1781 par Lettres Patentes, cette maison était réunie à l'Hôpital-Général et Colombier n'y avait plus qu'un rôle secondaire. Pour compenser ce surcroît de frais, on donnait aux Administrateurs les vingt cinq mille livres de rentes de la confrérie de St-Jacques aux Pèlerins, dont la suppression venait d'être prononcée.

Colombier, froissé d'un pareil procédé et mécontent d'être pour ainsi dire expulsé d'un établissement, dont il était le créateur, laissa percer malgé lui son mécontentement. Dans son premier rapport il n'avait que des éloges à faire : on avait d'après lui sauvé à Vaugirard le tiers des enfants, tandis qu'aux Enfants-Trouvés, la mortalité atteignait les neuf dixièmes des malades. L'année suivante, il ne voyait plus les choses sous un aussi brillant aspect. Quelque utilité, dit-il, qu'on puisse retirer de cette institution, on ne peut dissimuler qu'elle est fort onéreuse à l'Etat. Il semble oublier que lui-même

(1) GUYOT. *Répertoire de Jurisprudence.* Vérole.

avait établi par des chiffres irréfutables que l'entretien par personne et par jour ne s'élevait qu'à une livre (1).

Quoi qu'il ait pu dire, le budget de cet hospice ne dépassa jamais quarante mille livres ; et comme année moyenne cent quarante à cent quatre-vingts enfants et soixante-dix à quatre-vingt-dix femmes enceintes ou nourrices y étaient reçues, il ressort de cette statistique que les frais n'avaient rien d'exagéré.

Du 10 août 1780 au mois de janvier 1790, dix neuf cent cinquante-neuf enfants y furent admis, d'après La Rochefoucauld-Liancourt. Quatre cent quarante guérirent et sur les quinze cent dix-neuf qui succombèrent, sept cent quatre-vingt-huit n'avaient pas pu prendre le sein (2).

Quand on compare ces résultats à ceux obtenus précédemment, on ne peut que féliciter Lenoir et Colombier de leur généreuse entreprise.

Toutefois, comme nous tenons à ne rien dissimuler, nous devons faire mention d'une autre statistique, bien différente de la précédente et publiée récemment par M. Lafabrègue, directeur des Enfants-Assistés ; elle est loin d'être aussi bonne. D'après lui, de 1780 à 1793 seize cent vingt-un enfants seraient entrés à Vaugirard, treize cent quatre-vingt-dix-sept seraient morts et on n'aurait eu à constater que deux cent vingt-quatre guérisons (3).

Pourtant, jusqu'à preuve certaine du contraire, nous inclinons à considérer les chiffres, donnés par La Rochefoucauld comme les seuls exacts.

M. Lafabrègue n'a eu sans doute entre ses mains que des documents incomplets. Colombier, qui a relevé mois par mois du 10 août 1780 au 1er février 1781 les entrées, les décès et les guérisons, n'est nullement d'accord avec lui ; tandis que ses résultats semblent concorder sous tous les rapports avec ceux de La Rochefoucauld. Les deux tableaux suivants en sont une preuve démonstrative :

(1) *Archives nationales*. F 15, 245. Papiers de Colombier.
(2) LA ROCHEFOUCAULD-LIANCOURT. *Loc. cit.*
(3) LAFABRÈGUE. *Bulletin de la Société statistique*, année 1883.

Enfants admis à Vaugirard (Lafabrègue)

ANNÉES	ADMISSIONS	DÉCÈS	GUÉRISONS
1780	43	37	6
1781	103	99	4
1782	100	89	11
1783	129	107	22

Tableau de Colombier (1)

ANNÉES	ADMISSIONS	DÉCÈS	GUÉRISONS
1780	48	40	8
1781	170	134	36
1782	170	118	52
1783 à février 1884	210	143	67

7° HOPITAL DU FAUBOURG ST-JACQUES. — Malgré tous ces établissements, à Bicêtre, les salles de la Miséricorde et de St-Eustache ne
désemplissaient pas. En 1784 le ministre de Breteuil vint visiter cet
hôpital, le spectacle que lui présenta l'Emploi des vénériens le peina
tellement qu'il voulut améliorer leur situation.

A son instigation le roi résolut (Lettres Patentes, août 1785) d'en enlever les syphilitiques et de les réunir tous dans un même hôpital.

Les ressources de cet hôpital devaient consister, d'après le décret
royal, dans les vingt-cinq mille livres de revenus, données antérieurement à Vaugirard, dans quarante-huit mille livres, prises sur le
département des hôpitaux, dans soixante et un mille neuf cent livres,
fournies par l'Hôpital-Général, somme représentant la dépense annuelle des six cent trente-six vénériens, soignés à Bicêtre et dans
cent cinquante mille livres. payées par le trésor royal. On ne conser-
verait à Vaugirard que les nourrices et leurs nourrissons et on enverrait au nouvel hôpital toutes les personnes inutiles, c'est-à-dire les
femmes enceintes, les accouchées incapables de donner le sein et
celles qui, leur enfant mort, y étaient encore gardées deux mois (2).

On chercha aux portes de Paris un local assez vaste pour les con-

(1) *Archives Nationales.* F 1b, 245.
(2) *Code de l'Hôpital-Général.*

tenir tous. Le couvent des Capucins du Faubourg St-Jacques fut acheté à cet effet. Les travaux poussés avec activité furent vite terminés.

Tout était prêt pour les recevoir, lorsqu'à la suite d'une visite de Mme Necker, à la Salpêtrière, il en fut décidé autrement. Mieux reçue dans cette maison qu'à Bicêtre, où elle avait été victime d'une ridicule mésaventure, elle obtint de son mari, qu'on transférât dans l'ancien couvent des Capucins les quatre cents folles de la Salpêtrière, au lieu et place des syphilitiques.

Ce ne fut qu'en 1792 que les vénériens quittèrent Bicêtre.

Depuis le 13 avril 1792, l'ancienne administration de l'Hôpital-Général avait cessé d'exister et comme notre travail finit avec elle, nous n'avons plus à nous en occuper.

CHAPITRE VI

Prisons de Bicêtre.

La Force.

L'Hôpital-Général par l'article XIII de l'édit d'avril 1656 était autorisé à avoir dans chacune de ses maisons des poteaux, des carcans, des prisons et des basses-fosses pour les mendiants enfermés, indisciplinés. Diverses autres mesures de coercition furent prises contre eux : par une première ordonnance (3 octobre 1670), tous les *pauvres fieffés*, perturbateurs de l'ordre et des règlements, furent placés dans un quartier séparé et occupés sans relâche à des travaux pénibles et par une seconde ordonnance (15 avril 1685) le roi décréta (1) que

---

(1) *Code de l'Hôpital-Général*, p. 428-429.

tous les gueux valides de l'un et l'autre sexe, âgés de seize ans et au-dessus, arrêtés mendiant dans la ville, faubourgs, banlieue de Paris, ou à St-Germain-en-Laye ou à Versailles, pendant le séjour de la cour, seraient emprisonnés quinze jours ; qu'une récidive serait punie d'une détention de trois mois; une seconde d'un an et une troisième entraînerait la détention perpétuelle.

A partir de cette époque, les prisons de Bicêtre reçurent des condamnés pour autre motif que mendicité et vagabondage. En 1681 La Reynie y envoya des individus, soupçonnés d'avoir trempé dans les affaires de poison et de sorcellerie.

Il y avait à Bicêtre quatre prisons différentes : la Force, les Cabanons, les Cachots et la Correction.

A la Force, les détenus vivaient enfermés dans des salles communes, d'où ils ne sortaient pour ainsi dire jamais. Le législateur ne s'était point préoccupé des résultats déplorables, produits par une semblable promiscuité. Les condamnés pour fautes légères étaient en contact permanent avec les scélérats, endurcis dans le crime. Dans un tel milieu, l'individu qui, à son entrée avait peut-être encore quelques bons sentiments, en sortait perverti à tout jamais. L'oisiveté, dans laquelle on les laissait plongés, leur faisait perdre tout goût du travail.

Sous l'ancienne monarchie, les juridictions étaient innombrables. A Paris, on en comptait un grand nombre, et toutes avaient le droit de condamner à la prison. Aussi, parmi les détenus de la Force, les uns étaient enfermés par *sentence de police*, les autres *par jugement de la Prévôté de l'Hôtel*, ou, par *décision particulière* du Lieutenant de police, ou par *Lettres de Cachet*.

Les mêmes différences existaient dans leur régime. Les uns, pensionnaires, recommandés ou enfermés par Lettres de Cachet, jouissaient de privilèges et avaient une nourriture spéciale ; les autres, sans argent ou sans protection, devaient se contenter d'un ordinaire, beaucoup moins substantiel.

Pourtant par une curieuse anomalie, l'administration les traitait mieux que les pauvres, on leur distribuait le premier bouillon et la meilleure viande (1). Ainsi, par arrêt du Bureau (2) de la Pitié

(1) Père RICHARD.
(2) *Collection Joly de Fleury.*

(18 septembre 1745), tout prisonnier par Lettre de Cachet, quoiqu'il
ne payât point pension, eut droit à un demi-septier de vin par jour.
Cette décision augmenta les dépenses dans de telles proportions,
qu'on fût obligé de la rapporter. Au début, ces Lettres de Cachet
ne dépassaient point trente, et dix muids de vin suffisaient par
année ; mais à partir du mois de juin 1750, le ministre ayant pris
le parti de faire arrêter, par Ordre du roi, les vagabonds et les
libertins, elles atteignirent le nombre de quatre cent-cinquante.
Devant une consommation annuelle de cent-cinquante muids, les
commissaires, effrayés de cette dépense, leur supprimèrent le vin.

En 1770, de Sartines, lieutenant général de police, apporta de
grands changements à la maison de Force ; il promulgua de nouveaux règlements, concernant la discipline intérieure (1). Grâce à
une subvention de trente mille livres, accordée par le ministre sur
la *loterie*, il fit réparer les salles qui tombaient en ruines. Trouvant
que les cachots souterrains étaient un châtiment trop grave pour les
fautes légères, et que pour certaines infractions, la privation de
nourriture était une punition insuffisante, il décida qu'à l'avenir les
prisonniers, dont on aurait à se plaindre, seraient mis aux fers pendant un laps de temps, variable selon leur culpabilité. A cet effet,
on construisit un vaste cachot, où trente individus pouvaient être
tenus en même temps à la chaîne (2).

Un autre lieutenant de police, Lenoir, résolut de ne plus laisser les
prisonniers dans l'inactivité. Pour les occuper, il fit bâtir de grands
ateliers où fut installée une fabrique pour le *polissage des glaces* :
soixante-dix-huit détenus y travaillèrent sous la direction d'un
contre-maitre.

Douze chevaux faisaient marcher la machine du Grand-Puits, on
les remplaça par des hommes. Douze auraient suffi pour la faire
manœuvrer ; pour ne point les fatiguer, on en mit vingt-quatre qui,
après une heure de travail, ou pour mieux dire d'exercice, puisqu'ils
n'avaient à vaincre qu'une résistance de neuf livres, étaient relayés
par une autre équipe, et cette seconde par une troisième de même
nombre, ce qui faisait soixante-douze prisonniers occupés. On leur
donnait pour récompense l'argent économisé par la suppression des
chevaux.

(1) Appendice IV.
(2) *Archives nationales*. Bicêtre. Salle de Force. O. 623.

D'autres étaient employés au *moulin-pédales*, inventé par le méca-
nicien Berthelot ; quatre hommes le faisaient mouvoir aisément à
l'aide des bras et surtout des pieds ; et chaque jour, huit détenus pouvaient moudre facilement quatre septiers de farine (1).

Pour empêcher toute rébellion et maintenir l'ordre pendant le
travail, il y avait toujours avec eux un porte clef, des garçons de
service et deux sentinelles, le fusil chargé. Aux tapageurs, aux récal·
citrants et aux paresseux, on infligeait la peine du *malaise*, espèce
d'armoire basse et étroite, où ils étaient enfermés pendant vingt-
quatre heures.

Sur leur salaire on prélevait une somme légère, qui leur était
remise lors de leur libération. Éloignés pour toujours de Paris à la
fin de leur peine et obligés de se retirer dans leur lieu de naissance,
grâce à cette sage précaution, ils avaient l'argent nécessaire pour
s'habiller et faire le voyage jusqu'à leur nouvelle résidence, sans
mendier.

Les plus utiles mesures trouvent toujours des détracteurs ; c'est ce
qui n'a pas manqué d'arriver aux réformes de Lenoir. Un certain
de la Pagne, détenu dix ans à Bicêtre, pour écrits révolutionnaires,
les attaqua ainsi :

« Les établissements de M. Lenoir, dit-il, n'ont pas eu tout le
« succès qu'il en attendait : entre autres, les moulins à bras, prétendus
« économiques de M. Berthelot. Le moindre moulin à vent, ou un de
« ceux marchant par un cheval, auquel on pourrait suppléer par
« deux hommes, produirait à peu de frais, une fois plus d'ouvrage
« en vingt-quatre heures, que les siens en huit jours. Les hommes
« employés au Grand-Puits, coûtent cent livres par jour, deux cents
« qu'ils rapporteraient, s'ils faisaient autre chose : perte, trois cent
« cinquante livres ; tandis que huit chevaux aveugles, ou quatre
« paires de bœufs, feraient le même travail. Son troisième et dernier
« établissement approche du but, mais il est trop rude pour des pri-
« sonniers privés d'air. Puis il est impolitique de partager le béné-
« fice avec des marchands. Enfin, les individus occupés ainsi ne
« savent, à leur sortie, aucun métier qui puisse leur permettre de
« gagner leur vie » (2).

---

(1) LENOIR : *Détails sur quelques établissements de la ville de Paris*, 1780.
(2) MUSQUINET DE LA PAGNE. *Bicêtre réformé*, 1784.

Ces objections sont vraies, mais il ne faut pas oublier que Lenoir, en faisant travailler les prisonniers, ne cherchait point à réaliser des bénéfices, il voulait seulement les tirer de l'oisiveté où ils croupissaient, et son but était ainsi atteint.

Souvent, des révoltes éclataient parmi les deux cents à deux cent cinquante individus, incarcérés à la Force. Pourtant les précautions les plus minutieuses étaient prises : des sentinelles veillaient jour et nuit, les unes placées dans les corridors de la prison, les autres dans le chemin de ronde. Les prisonniers ne sortaient de leur salle que les dimanches et fêtes pour aller entendre la messe dans leur chapelle, et une fois par mois pour se faire raser. Le jour de barbe, on les faisait venir par trois ou quatre dans le corridor, sous la surveillance des gardes. On y renonça même momentanément, à la suite de l'assassinat commis par un détenu des cabanons, qui frappa d'un coup de couteau un des garçons barbiers (1).

Le 1er février 1752, ils se révoltèrent à l'heure des vêpres, forcèrent les portes, entrèrent dans le corps de garde et voulurent s'emparer des armes. Il y eut combat, deux soldats furent tués, ainsi que quatorze des mutins, puis tout rentra dans l'ordre. Ils s'étaient soulevés, parce qu'on avait diminué leurs rations, ils n'en voulaient qu'à la supérieure et à l'économe.

Les deux dernières révoltes eurent lieu à l'époque de la Révolution. Moins heureux que les détenus de la Bastille, personne n'avait songé à les délivrer. Puisque le peuple les avait oubliés, ils voulurent conquérir eux-mêmes leur liberté. Dans la nuit du 12 décembre 1789, ils parvinrent à démolir un mur, mais on s'en aperçut et on les arrêta dans leur fuite. Le 18 février suivant, ils renouvelèrent leur tentative, qui ne fut pas plus heureuse. Le lendemain, les prisonniers du Grand-Puits se barricadèrent dans leurs dortoirs et se disposaient à une vigoureuse résistance, lorsque Manuel, le lieutenant du maire au département de la police, accompagné d'un administrateur de l'Hôpital-Général, accourut à Bicêtre avec cent gardes nationaux, et leur lut la loi Martiale. Cinq minutes de réflexion leur furent données, à la troisième sommation ils cédèrent (2).

Avec le nouveau gouvernement, des mesures plus humanitaires

(1) *Collection Joly de Fleury*, n° 1,247.
(2) *Moniteur*.

allaient leur être appliquées. A la fin de mars 1790, le décret de l'Assemblée nationale, qui prononçait la mise en liberté des prisonniers, détenus par ordre arbitaire, fut exécuté, et tous les individus, enfermés par Lettres de Cachet ou sans jugement, furent renvoyés.

Le comité de mendicité, composé de MM. La Rochefoucauld-Liancourt, Prieur, Bonnefoy, Decrelot, l'évêque de Rhodez et Guillotin, vint à Bicêtre, écouta les réclamations de ceux qui restaient et fit un rapport à l'Assemblée en demandant qu'on adoucit le régime auquel ils étaient soumis.

Le garde des sceaux, Dupont-Dutertre, adressa à ces Messieurs, la lettre suivante, un peu emphatique, mais pleine de bonnes intentions.

« ..... Tous les prisonniers reçoivent à peu près le même traite-
« ment. Les uns n'ont à se reprocher que des fautes : ce serait une
« injustice de prolonger leur captivité. Les autres ont commis des
« délits, plusieurs d'entre eux les ont suffisamment expiés par les
« rigueurs d'une longue détention ; il convient de remettre ces der-
« niers en liberté. Quant à ceux qui se sont souillés de forfaits et qui
« ont mérité la mort, on ne saurait en les retenant dans les fers se
« dispenser de les soumettre à une discipline plus morale et plus
« douce (1).

« J'irai leur apprendre que les législateurs de la France daignent
« compatir à leurs misères. Ils béniront sans doute une révolution,
« dont les salutaires effets pénètrent jusqu'au fond des cachots, une
« révolution consacrée par des principes de philantropie universelle
« et qui assure indistinctement à tous les citoyens justice, humanité
« et protection. »

M. Dupont-Dutertre tint-il sa promesse et fit-il élargir quelques détenus ? Aucun document ne nous renseigne à cet égard. En tous cas, les massacreurs de septembre se chargèrent de cette misson. Le lundi 3 septembre 1792 quinze cents individus se rendirent à Bicêtre, et là, s'érigeant en juges, firent comparaître devant eux les prisonniers. Tous ceux marqués de la main du bourreau ou qui avaient été fouettés étaient assommés sur le champ à coups de piques.

Cent soixante-trois furent tués, cinquante et un mis en liberté, cent quatre-vingt-huit laissés en prison et neuf incertains, morts ou libérés.

(1) *Moniteur*. Année 1790, n° 354.
(2) Père RICHARD et BARTÉLEMY MAURICE.

Pour pouvoir reconnaître et arrêter facilement les prisonniers
évadés; par ordonnance royale (1778), ils avaient tous un costume
spécial, à moitié noir et à moitié gris d'hôpital, composé d'une soubreveste, d'un gilet et d'un pantalon. Défense était faite de leur
donner asile, notamment aux cabaretiers, logeurs et aubergistes (1).

Les prisonniers malades étaient envoyés à l'Hôtel-Dieu, où les salles
St-Landry, Ste-Martine leur étaient réservées. De là naquirent bien des
discussions. En 1716 l'Hôpital-Général se plaint vivement que les religieuses de l'Hôtel-Dieu leur donnent la liberté, et il demande qu'on
les mette dans un endroit séparé, d'où ils ne sortiront que pour
revenir à Bicêtre après leur guérison. Par contre en 1754 les Maîtres
de l'Hôtel-Dieu refusent de les garder plus longtemps : dernièrement
ils se sont révoltés et ont tué les portiers. Les médecins, les chirurgiens, les sœurs, les officières et les domestiques ne veulent plus
entrer à St-Landry ; c'est la cinquième sédition depuis deux mois.
De part et d'autre on s'adresse au ministre d'Argenson et au premier président de Maupeou; après de longues années de procès, le
27 avril 1767, le Parlement rend un arrêt favorable à l'Hôtel-Dieu et
par lequel l'Hôpital-Général devra dorénavant faire soigner les détenus dans ses maisons (2).

Comme les charges de ce dernier établissement étaient immenses
et ses ressources peu considérables, le roi lui donna les fonds nécessaires pour subvenir à ce surcroît de dépenses. Grâce à cette généreuse intervention, au-dessus des salles de Force de Bicêtre, situées
au rez-de-chaussée et attenantes à l'un des côtés de la cour principale, on construisit rapidement une infirmerie, qu'on divisa en
quatre salles, St-Roch, St-Denis, St-Léger, et...., elle contenait cent
quatre-vingt-un lits. Les malades y couchaient par trois dans deux
lits, rapprochés l'un de l'autre et souvent on était obligé de mettre
des brancards au milieu des chambres. D'après Doublet (3), ces salles
étaient bien disposées, les dimensions et les accessoires très convenables ; mais par l'effet de la négligence et de l'indiscipline des prisonniers et par les suites fâcheuses des excès, auxquels ils avaient
coutume de se porter trop souvent, un ou deux des dortoirs étaient
presque inhabitables, car tout y avait été brisé.

(1) Appendice V.
(2) *Code de l'Hôpital-Général*, p. 107.
(3) Doublet. *Rapport de l'état actuel des prisons de Paris*, 1791.

On y soignait non seulement les individus de la Force et des cabanons mais encore les fous. Chose plus incroyable! on y mettait également les enfants correctionnaires, souffrants. Chaque jour le chirurgien faisait sa visite, il était toujours accompagné du gouverneur de l'emploi, des garçons et d'un piquet de la garde. S'aventurer seul parmi tous ces malandrins eut été commettre une grave imprudence.

Dès lors toutes les prisons de Paris envoyèrent leurs malades à Bicêtre; la plus grande partie d'entre eux avaient la syphilis; aussi l'infirmerie devint-elle une succursale de St-Eustache. L'affluence de ces étrangers atteignit de telles proportions que l'économe adressa des plaintes énergiques au lieutenant de police. Dans une lettre écrite aux chefs Directeurs il donne le relevé suivant :

Malades 301.

Conciergerie.	11	⎫
Châtelet.	41	⎬ Malades du dehors 74.
Tournelles.	17	⎪
Régiment de Paris. . .	5	⎭
Gens de la maison. . .	216	⎫ Gens de la maison 227.
Gens de service	11	⎭

Quelques détenus payaient des pensions, variant de cent à quatre cents livres. Parmi eux les uns étaient condamnés à perpétuité, les autres à temps; mais la peine infligée n'avait jamais une durée inférieure à six mois. Dans ce milieu hétérogène étaient confondus les voleurs, les faux-monnayeurs, les libertins, les vagabonds, les auteurs et les libraires, vendeurs d'écrits licencieux ou révolutionnaires. On trouve souvent répétée dans les *Archives de la Bastille*, publiées par M. Ravaisson, cette mention : *Renvoyé à Bicêtre* pour vente clandestine du *Portier des Chartreux*. Que de gens ce maudit roman de Gervaise de Latouche a fait emprisonner (1) !

Comme nous l'avons déjà dit, le plus grand nombre des prisonniers étaient enfermés par Ordre de Justice, mais d'autres l'étaient par Lettres de Cachet. On y mettait, raconte Barthélemy Maurice, les fils de famille, les pères, les maris, les frères qui donnaient du mécontentement à leurs parents et quelquefois aux amants, puissants de

(1) *Collection Joly de Fleury.*

leurs filles ou de leurs femmes ; c'était la Bastille de la canaille et de la bourgeoisie.

Dans les nombreux dossiers d'écrous de Bicêtre, publiés par M. Ravaisson ou insérés dans la *Collection Joly de Fleury*, nous avons rarement trouvé de condamnations injustes.

Malgré les orageuses discussions à l'Assemblée nationale du 13 et du 16 mars 1790 sur les lettres de cachet, discussions auxquelles prirent part Mirabeau, Castellane, Fréteau, Robespierre et Maury, malgré la loi qui les avait abolies, malgré la visite de Bailly à Bicêtre pour mettre en liberté les prisonniers par *ordre du Roy*, le nombre des détenus diminua très peu. En 1790 ils étaient quatre cent vingt-deux (1) et en 1792 ils sont encore quatre cent onze (2) ; et rien n'a été changé dans le régime de la maison. La Force et les cabanons existent toujours comme auparavant. On avait crié beaucoup contre Bicêtre et ses abus ; mais il faut croire que toutes ces récriminations étaient exagérées, puisque ceux mêmes, qui les avaient faites (Mirabeau et Fréteau), arrivés au pouvoir, n'apportèrent aucune modification au régime intérieur de la maison. Critiquer est un rôle facile, mais administrer n'est pas chose aussssi commode.

Cabanons.

Cabanon ! ce mot fait naître à l'esprit l'idée de ténébreux culs-de-fosse, où ne pénétraient jamais ni l'air ni la lumière. La réalité était moins effrayante.

Cabanon est pour ainsi dire le masculin de cabane et désigne un endroit solitaire. C'est, dit la Rochefoucauld-Liancourt, une chambre particulière, garnie d'un lit, d'une chaise et d'une table. Chacun d'eux avait huit pieds de hauteur, autant de profondeur sur six de largeur et prenait jour par une fenêtre de trois pieds de haut sur deux de large, grillée d'un treillis à mailles d'un pouce carré. L'architecte y avait pratiqué un trou pour satisfaire aux besoins naturels et une issue, conduisant à la chapelle. On ne peut mieux le comparer qu'à la cellule actuelle où l'on met le condamné à la réclusion.

(1) La Rochefoucauld-Liancourt. *Rapport du Comité de Mendicité.*
(2) Barthélemy Maurice. *Histoire politique et anecdotique des Prisons de Paris.*

Les cabanons au nombre de deux cent quatre-vingt-seize se trouvaient situés dans deux corps de bâtiments, formant équerre et élevés
de quatre étages au-dessus du sol. Chaque étage était divisé dans
toute sa longueur par un corridor assez large, de chaque côté duquel
s'ouvraient les portes et les guichets des chambres; et où jour et nuit
des sentinelles montaient la garde. Les cellules des trois premiers
étages étaient assez bien aérées ; celles du quatrième plus enfoncées,
plus isolées, plus obscures et plus malsaines servaient habituellement de prison aux criminels les plus endurcis, cependant on les
employait aussi comme logements ordinaires, lorsqu'il y avait foule;
on leur avait donné le nom de *cachots blancs* (1).

Le plus cruel supplice pour les prisonniers était de rester exposés
pendant tout l'hiver aux rigueurs du froid, sans pouvoir y remédier;
leurs chambres n'ayant ni poêle ni cheminée. Aussi chaque année
beaucoup succombaient; en 1775 plus de cent périrent ainsi (2).

Ce qui faisait l'horreur des cabanons, ce n'était point l'étroitesse ni
l'obscurité mais l'isolement, presque absolu, auquel les détenus étaient
soumis. Jamais ils ne sortaient, si ce n'était une fois par mois pour se
faire raser dans le corridor et les dimanches et fêtes pour aller à leur
chapelle particulière, où ils assistaient aux offices religieux dans des
tribunes grillées, disposées de telle sorte qu'ils ne voyaient que
l'autel.

Cette chapelle avait pour principal ornement un tableau, qui
représentait un prisonnier, remettant un placet au Dauphin, fils de
Louis XV. A la suite d'une visite de ce prince à Bicêtre, leur régime
avait été amélioré sur son ordre. Aussi en témoignage de reconnaissance, lorsqu'il fut atteint de la méningite, qui l'emporta, les prisonniers, même ceux à l'eau et au pain depuis vingt ans, se coti-
sèrent pour offrir à la Vierge une image votive et pour lui demander
la guérison de leur bienfaiteur. Le 1er décembre 1765, on en
fit la consécration en grande pompe; et un prisonnier, placé dans
une des loges grillées, lut à haute voix un acte par lequel ils se vouaient
tous à la Vierge (3).

Les distractions pour ces pauvres malheureux étaient rares et ils

(1) LA ROCHEFOUCAULD. *Loc. cit.*
(2) JOHN HOWARD. *Etat des prisons et des maisons de Force.*
(3) *Bibliothèque Carnavalet.* Relation de la cérémonie, faite à Bicêtre par les
prisonniers.

ne laissaient point échapper celles qui se présentaient. Seuls avec
leur conscience, ils devaient se faire d'amères réflexions ; aussi chaque année quelques-uns passaient des cabanons aux loges de fous.
C'était tomber de Charybde en Scylla. Pourtant pour combattre cet
ennui invincible de la solitude et de l'oisiveté, on leur permettait
de travailler ; avec un morceau de fer ils exécutaient de petits ouvrages en paille coloriée, des étuis, des portefeuilles et des cure-
dents. Il s'en faisait un grand débit. Ceux d'entre eux, placés au rez-
de-chaussée, avaient le monopole de la vente et étaient appelés
les négociants. Au nouvel arrivant, qui ne savait comment s'y prendre, un compagnon d'infortune plus ancien le lui enseignait.

Comme ils n'avaient aucune occasion de dépenser leurs gains soit
au dehors soit à la cantine, ils achetaient des colifichets et des paru-
res. Après le massacre de Bicêtre, lorsqu'on déshabilla les cadavres,
on trouva que la plupart portaient des bas de soie et étaient couverts de bijoux (1).

Deux fois par semaine on leur permettait la lecture de la *Gazette
de France*. Celui, dont la voix était la plus forte, mettait la tête aux
barreaux de son guichet et lisait le journal à ses codétenus. Enfin
ils pouvaient causer entre eux deux heures par jour (2).

Une réflexion se présente à l'esprit, c'est que leur isolement n'é-
tait pas aussi complet qu'on veut bien le dire. En effet, non seulement ils avaient l'autorisation de parler entre eux, mais encore ils
étaient en relation continuelle avec les visiteurs, puisqu'ils leur vendaient eux-mêmes les menus objets de leur fabrication. Puis pour
apprendre ce métier, il fallait bien qu'ils fussent en contact direct;
car il est impossible de croire, comme le raconte Mercier dans
son *Tableau de Paris*, qu'un détenu plus ancien montrât au nouvel
arrivant comment il devait s'y prendre et cela sans le voir, grâce
à d'habiles combinaisons de miroirs réflecteurs. Ceci dit; revenons à
notre sujet.

Dans les cabanons on plaçait les condamnés à perpétuité ou tout
au moins à une peine de longue durée. Les jeunes gens, qui avaient
fait connaître leurs penchants vicieux par des actes déshonorants et
capables, si on n'y mettait pas un frein, de les conduire aux galères

(1) RICHARD. *Souvenirs de Bicêtre.*
. (2) LA ROCHEFOUCAULD-LIANCOURT. *Loc. cit.*

ou à la potence, y étaient enfermés sur la demande de leurs familles
En 1789, il y avait trente-cinq pensionnaires et quatre-vingt-neuf sans pension.

En 1791 Doublet, envoyé pour visiter Bicêtre, proposa dans un rapport à la Faculté de médecine les réformes suivantes : 1° établir un courant d'air rapide dans le corridor des cabanons ; 2° supprimer les cabanons, appelés cachots blancs ; 3° faire sortir tous les jours les prisonniers au moins pendant une heure et disposer un chauffoir pendant l'hiver.

Cachots.

Au milieu de la cour principale existaient huit cachots où par commutation de peine les condamnés à mort étaient enfermés. Leur superficie totale était de cinq toises sur six. A l'extérieur au-dessus du sol une construction, composée de piliers en pierre de 24 pouces carrés, en couvrait l'étendue ; entre ces piliers étaient pratiqués les soupiraux qui en aéraient l'intérieur. On y descendait par un escalier de 22 marches.

Une galerie divisait sur la longueur ce massif de construction en deux parties égales, chacune distribuée en quatre cachots. Chacun d'eux était fermé par une double porte, et dans un coin une ventouse, correspondant à un soupirail, était le seul moyen d'aérage (1). Trois chaînes fixées dans le mur servaient à enchaîner les criminels.

L'aspect de ces immondes culs-de-fosse était tellement horrible que les geôliers eux-mêmes n'osaient pas les montrer. Aussi ne fût-ce qu'après de nombreuses démarches et difficultés que John Howard put les visiter (2).

Primitivement il y avait deux étages de cachots; les plus bas étaient de beaucoup, le plus effrayants. Louis XVI à son avènement les fit combler. Ceux, qui subsistaient encore, avaient des murs si épais que les prisonniers ne pouvaient pas entendre leurs voix ; pour correspondre, ils frappaient contre les parois un nombre de coups, égal au rang que chaque lettre occupe dans l'alphabet (3).

(1) VIEL (Charles-François).
(2) JOHN HOWARD. *Loc cit.*
(3) MAURICE BARTHÉLEMY. *Loc. cit.*

C'était là qu'on mettait les mouchards et les criminels délateurs, qui avaient dénoncé leurs complices.

Comme nous ne faisons point ici une histoire anecdotique des prisons, nous croyons inutile de parler des détenus et des motifs, parfois intéressants de leurs condamnations.

Correction.

A la Correction (salle St-Martin), les enfants étaient emprisonnés jusqu'à 25 ans sur la demande de leurs parents et même du curé de leur paroisse. Toutefois avant de les recevoir, on faisait une enquête pour se rendre compte, si les motifs invoqués étaient exacts.

On y enfermait également jusqu'à leur majorité les enfants de moins de 15 ans, arrêtés pour vagabondage ou vol. Lorsqu'ils atteignaient leur 17e année, ils passaient de la Petite à la Grande correction (1).

On leur apprenait le Catéchisme, on leur enseignait à lire, à écrire et à compter. Le reste du temps on les occupait à faire du lacet ou à d'autres travaux peu fatigants. Mais on ne voulait point les laisser dans l'oisiveté. Si l'on était content d'eux, on apportait quelques adoucissements à leur régime ordinaire, souvent par trop sévère. Ils n'avaient pour coucher qu'une paillasse, des draps et une couverture et pour nourriture du pain et de l'eau ; on ne leur donnait de la viande, que lorsque par leur travail, ils avaient gagné de quoi l'acheter.

Il y avait place à la correction pour 66 enfants; 15 à 20 d'entre eux servaient d'enfants de chœur (2). Ils étaient placés sous la direction d'un maître, d'un sous-maître et d'un correcteur, chargé de leur administrer le fouet.

Un de leurs maîtres, à l'époque des discussions du jansénisme, ne s'imagina-t-il pas d'en vouloir faire des adeptes de cette doctrine, il les catéchisa si bien qu'ils refusèrent de se confesser aux prêtres de la maison. Grand émoi du recteur de l'Hôpital-Général! Il accourt aussitôt à Bicêtre, rassemble les correctionnaires, les admoneste et termine en leur disant : « Vos prêtres confessent ici deux mille âmes

(1) *Code de l'Hôpital-Général*, p. 501.
(2) Père RICHARD. *Loc. cit.*

de diables et ils ne pourraient pas diriger vos petites âmes » (1).

Tous ces enfants sous l'impulsion et la direction de leur maître étaient devenus des théologiens renforcés et discutaient imperturbablement sur la *Fréquente Communion*. A l'un d'eux, âgé de quinze ans, en danger de mort, le premier soin du prêtre, appelé à son chevet, est de demander l'acceptation de la *Bulle Unigenitus ;* l'enfant s'en défend d'abord, puis accepte et enfin se rétracte. Le recteur prévenu vient à la rescousse et lui propose une profession de foi, où il ne s'agirait point de la *constitution* « Êtes-vous soumis à l'Église et au Pape, lui demande-t-il ». « A l'Église oui, au Pape non, lui réplique l'enfant ». Malgré toutes les objurgations on ne peut l'amener à résipiscence.

Si nous avons rappelé ce fait de minime importance : c'est que ce fut là le commencement de la fameuse querelle entre l'archevêque de Paris et les administrateurs de l'Hôpital Général, querelle qui faillit amener la ruine de ce grand établissement et qui dura près de dix ans. Les administrateurs, entachés de jansénisme, n'avaient point voulu accepter à la Salpêtrière, comme supérieure, une certaine dame Moissan, protégée et nommée par l'archevêque Christophe de Beaumont. Précédemment nous en avons parlé ; aussi n'y insisterons-nous point davantage. Seulement aujourd'hui on ne peut qu'être surpris de l'acrimonie de pareilles discussions, si futiles au fond, et survenues pour un maître de la Correction, trop zélé janséniste aux yeux de l'archevêque et pour une supérieure de la Salpêtrière, qui ne l'était pas assez à ceux des administrateurs.

Les enfants de la Correction ne furent point épargnés par les massacreurs de Septembre. Ce fut leur maître Boyer, qui vint trouver les assassins et leur dit qu'ils oubliaient les correctionnaires. Ce misérable s'érigea en accusateur et désigna ceux qu'il voulait faire tuer. Sur cinquante-cinq détenus, trente-trois périrent égorgés par ces bêtes fauves. L'un d'eux n'avait point encore dix ans; lorsqu'après le départ de ces sinistres coquins pour la Salpêtrière, où ils allaient continuer leur sanguinaire besogne, on voulut ensevelir ces pauvres victimes, on trouva son cadavre couché sur ceux de tous les autres; il ressemblait, écrivait cinquante ans plus tard un témoin de cette scène, à un ange endormi.

(1) *Nouvelles Ecclésiastiques*, 31 Juillet 1749.

Compagnie des Gardes.

Pour faire la police de la Force, des Cabanons, des Cachots et de la Correction, il y avait une compagnie de gardes, soldée et entretenue par l'administration de Bicêtre : elle se composait de quatre-vingt-six hommes, ayant à leur tête un capitaine, un lieutenant, six sergents et deux tambours ; elle habitait le *bâtiment neuf* et les prisons. Les gardes étaient choisis parmi les soldats libérés et servaient de vingt-cinq à quarante ans. Quand ils prenaient leur retraite, ils pouvaient se faire incrire au nombre des Bons pauvres et ils avaient en outre droit à un supplément de nourriture (1).

(1) Père RICHARD. *Loc. cit.*

CHAPITRE VII

Les Fous.

Les Fous soignés à l'Hôtel-Dieu, les incurables mis à Bicêtre, dès la fondation de l'Hôpital-Général. — Simon Morin. — Leur nombre à diverses époques. — L'Emploi St-Prix, les loges et les rues, — Accusations injustes portées contre les administrateurs. — Récits contradictoires de Mirabeau, et d'Aubanel et Thore avec celui de La Rochefoucauld. — Motifs qui rendent vraisemblable le compte rendu de ce dernier. — Rapport de Desportes en 1822 au conseil général des Hospices sur les aliénés. — Formalités pour faire interner un fou. — L'histoire de Bicêtre faite par Alhoy et Lurine ainsi que celle d'Alboise et Maquet n'ont aucune valeur documentaire et ne méritent nulle créance. — Pinel à Bicêtre. — Réformes capitales, apportées par lui dans la manière de traiter les fous. — Pussin, gouverneur de l'Emploi St-Prix, le seconde dans ses vues humanitaires. — Pinel se rend à la Commune de Paris pour demander l'autorisation de briser les chaînes des insensés. — Protestation soulevée par cette demande. — Couthon va le lendemain à Bicêtre; ses paroles à Pinel. — Celui-ci met enfin ses projets à exécution ; après son départ de Bicêtre les fous sont de nouveau enchaînés. Les hôpitaux mal dirigés par les administrateurs qui succédèrent à ceux de l'Hôpital-Général. — Ce ne fut point Couthon, mais peut-être Toulan, qui vint visiter les aliénés de Bicêtre (Note).

Avant l'illustre Pinel il existait à peine dans toute-la France pour soigner les fous quatre à cinq asiles mal organisés, où manquaient les choses les plus indispensables et où l'on suivait une méthode de traitement unique et routinière; aussi les succès obtenus étaient-ils peu nombreux. Des milliers d'aliénés vivaient enfermés dans des *maisons de force*, sans qu'on s'occupât de leur donner le moindre remède. A moins que la nature ne leur vint en aide, le terme de la maladie était toujours la mort (1).

A Paris on ne les traitait qu'à l'Hôtel-Dieu, où deux salles leur étaient réservées : pour les hommes, la salle St-Louis, comprenant dix grands lits et deux petits, et pour les femmes la salle Ste-Geneviève avec six grands lits et huit petits (2).

Lorsque les bains, les douches, les saignées répétées et les purgatifs n'avaient produit aucun résultat, on leur appliquait des vésicatoires aux jambes; les douleurs ainsi causées étant, pensait-on, favorables à la guérison. Si après quelques mois aucune amélioration ne survenait, on les dirigeait alors sur Bicêtre, la Salpêtrière ou les Petites-Maisons. Cette maladie s'était tellement accrue dans les vingt dernières années (c'est-à-dire avant 1791) que les salles de l'Hôtel-Dieu ne désemplissaient pas et le nombre de ceux envoyés à Bicêtre devenait si considérable qu'on était obligé d'en refuser. Le chiffre des admissions dépassait annuellement la centaine; comme le montre le tableau ci-dessous :

Admissions des fous à Bicêtre (3).

ANNÉES	FOUS
1784.	110
1785.	134
1786.	127
1787.	142
1788.	151
1789.	132
1790.	103

Les insensés furent admis à Bicêtre dès la fondation de l'Hôpital-Général. Un des premiers enfermés fut Simon Morin, l'illuminé de l'île Saint-Louis; ce malheureux se proclamait l'homme saint, affirmait que l'âme de Jésus-Christ s'était faite sienne et que le roi était condamné aux peines éternelles. Dénoncé par le poète Desmarets de St-Sorlin, il fut brûlé vif en place de Grève, 13 mars 1663 (4).

(1) *Journal de médecine.* Année 1785 t. 64, p. 535.
(2) TENON. *Mémoires sur les Hôpitaux de Paris,* 1788.
(3) AUBANEL et THORE. *Recherches sur l'aliénation faites à Bicêtre.* 1841.
(4) MICHELET. *Histoire de France,* t. XIII.

En 1657 ils y sont au nombre de vingt et en 1662 de dix, classés sous les dénominations d'imbéciles et de faibles d'esprit. De cette époque au commencement du dix-huitième siècle les documents à leur égard font entièrement défaut ; mais il est vraisemblable qu'on continuait à les accepter, comme on le faisait pour les folles à la Salpêtrière, où cent (1) habitaient les loges St-Catherine; puis cette mention répétée plusieurs fois dans les Archives de la Bastille (2), pendant le cours du dix-septième siècle : « *Envoyé aux fous de Bicêtre* », vient corroborer notre supposition.

En 1701 cet hôpital servait d'asile à soixante-cinq aliénés, en 1726 à cent trente-deux et en 1789 à cent quatre-vingt-sept (3). Ils occupaient le septième Emploi, St-Prix, où ils habitaient des loges, rassemblées autour du pavillon de l'Ouest et séparées par des rues étroites, désignées sous les noms de rues d'Enfer, de la Fontaine, des Furieux, de la Cuisine et du Préau (4).

Un gouverneur, secondé par douze garçons et logé au centre des rues, en avait la haute direction. Par une condescendance inexplicable les administrateurs avaient laissé s'implanter un usage très profitable aux gens de service, mais contraire au respect dû au malheur et aux infirmités physiques et morales, on leur permettait de montrer pour quelques liards les aliénés à qui voulait les voir. Le dimanche pendant l'été, souvent plus de deux mille badauds parisiens venaient jouir de ce cruel spectacle et prenaient plaisir à les exciter.

On regardait malheureusement alors, dit Pinel, la folie comme un fléau à redouter ; on croyait avoir rempli les devoirs de l'humanité la plus compatissante, si on parvenait à reléguer les insensés dans quelque lieu retiré et solitaire, loin de la dérision et de la brutale curiosité du public. Aussi en s'appuyant sur de tels principes, on considérait comme incurables ceux d'entre eux, dont la guérison ne s'était pas produite, après trois mois passés à l'Hôtel-Dieu et on les envoyait à Bicêtre, où on ne leur faisait suivre aucun traitement. Ni le médecin de l'Hôpital-Général dans ses deux visites hebdomadaires ni le

(1) Manuscrits. *Bibl. nationale*, n° 11361.

(2) RAVAISSON. *Loc. cit.*

(3) Appendices XI, XII, XIV, XVII et XIX.

(4) AUBANEL et THORE. *Recherches statistiques sur l'aliénation mentale, faites à Bicêtre.*

chirurgien gagnant maîtrise, dans celles qu'il faisait deux fois par jour dans les infirmeries des officiers, officières, des Bons Pauvres pensionnaires et de la Force, ne s'occupaient d'eux. Lorsqu'ils étaient atteints de maladies aiguës, on les mettait dans les infirmeries de la maison; par exception on ne les dirigeait point, comme les autres malades, sur l'Hôtel-Dieu.

Partout en France et à l'Étranger on montrait pour ces malheureux une coupable indifférence. Pourtant il ne faut pas croire aveuglément les récits, faits par certains écrivains, qui dépeignent sous des couleurs par trop sombres le régime des fous de Bicêtre.

Jamais un hospice, un hôpital, une prison, une maison de correction ni un asile d'aliénés n'ont eu un riant aspect ; et comme à Bicêtre infirmes, prisonniers vénériens et fous se trouvaient réunis, il ne faut point s'étonner si cette maison paraissait être le réceptacle de toutes les misères humaines.

Si l'on ajoutait foi à ce que rapportent ces auteurs, les Administrateurs de l'Hôpital-Général se seraient complus à faire souffrir inutilement les personnes, enfermées à Bicêtre et à la Salpêtrière. Rien de vrai dans ces assertions. Toujours au contraire les mesures les plus humanitaires et les plus sages furent prises par eux ; les délibérations du Bureau de la Pitié et de l'Archevêché, conservées dans la *collection Joly de Fleury*, montrent le zèle et le dévouement dont ils étaient animés. Pourquoi en effet des archevêques de Paris, des Premiers Présidents du Parlement, de la Cour des comptes et de la Cour des Aides, des Procureurs Généraux, des Prévôts des marchands, des Conseillers au Parlement et au Châtelet, des Échevins, des membres du barreau et du clergé, en un mot l'élite de la Société Parisienne, composant le corps des Directeurs et des Administrateurs, auraient ils laissé commettre, sous leur contrôle et sans y mettre aussitôt une prompte opposition, des abus aussi graves que ceux signalés par leurs détracteurs.

Toutefois comme il n'existe aucun document original et officiel, qui puisse nous apprendre d'une manière irrécusable quel était en définitive le régime imposé aux insensés ; il est nécessaire de citer les opinions différentes, de montrer ce qui dans chacune d'elles est l'expression de la vérité et d'en signaler les exagérations.

« On ne donne même pas, dit Mirabeau un médecin aux fous et « jamais on ne fit la moindre tentative pour les rendre à la raison.

« Les nouveaux venus sont lancés indistinctement parmi cette foule
« tumultueuse d'insensés, et de temps en temps on les fait voir
« comme des bêtes curieuses au premier rustre qui veut bien don-
« ner six liards. Avec un traitement pareil faut-il être surpris si de
« légers accidents d'aliénation mentale dégénèrent en paroxysme de
« fureur et si le fou devient enragé (1).

Cette description n'est malheureusement que trop vraie.

« C'est au commencement du règne de Louis XVI, d'après Aubanel
« et Thore, que pour la première fois les aliénés furent placés à Bicê-
« tre. Souvent les moyens de répression les plus barbares étaient
« mis en usage et plusieurs d'entre eux en périrent victimes. Pour
« toute nourriture, une livre et demie de pain leur était donnée. Cette
« ration était dévorée immédiatement après la distribution et une
« partie du jour se passait dans une sorte de délire famélique. Aussi
« la mortalité était-elle excessive; sur cent dix aliénés reçus en 1784
« il en mourut cinquante-sept, et en 1788 elle fut de quatre-vingt-
« quinze sur cent cinquante et un » (2).

Ce ne fut point au commencement du règne de Louis XVI, mais
dès la fondation de l'Hôpital-Général que les fous furent admis à
Bicêtre; et on leur donnait la ration ordinaire, comme aux autres
personnes de la maison. Si les « Recherches » d'Aubanel et Thore semblent très exactes pour la période contemporaine, il n'en est peut-
être pas de même pour celle qui a précédé.

« Les fous, dit La Rochefoucauld-Liancourt, dans son rapport fait à
« l'Assemblée nationale, au nom du comité de mendicité, sont comme
« les épileptiques, les écrouellés jugés incurables, dès qu'ils arrivent
« dans cette maison; ils n'y reçoivent aucun traitement. Ils parais-
« sent généralement conduits avec douceur; le quartier qui leur est
« destiné contient cent soixante-huit loges et un pavillon à deux
« étages où ils couchent seuls à trois lits près, communs à deux. La
« grande quantité de malades, dont cet établissement est encombré,
« oblige quelquefois de les mettre deux dans une même loge, ce qui,
« comme on le juge facilement, occasionne alors de fréquentes que-
« relles et la nécessité de les séparer. Les fous sont toutes les nuits
« renfermés dans leurs loges ou dans les salles, mais ils ont toute la

(1) MIRABEAU. *De la maison de Force appelée Bicêtre.* 1788.
(2) AUBANEL et THORE. *Loc. cit.*

« journée la liberté des cours, quand ils ne sont pas furieux. Dans
« ce cas ils sont enchainés. Le nombre en est peu considérable : dix
« sur deux cent soixante et dix. Il est vrai que cinquante-deux ne
« sont pas fous. Malgré la nullité du traitement, on nous a assuré
« qu'une cinquantaine environ par année recouvraient la raison et
« dans ce nombre deux tiers au moins de ceux qui ont été traités à
« l'Hôtel-Dieu ; ils sont alors mis en liberté. Leurs loges sont aérées
« et si elles n'étaient pas au-dessous du niveau du terrain et par
« conséquent humides, elles ne seraient pas mauvaises pour un
« homme seul » (1).

La Rochefoucauld nous parait devoir mériter plus de confiance
que tout autre, car il a vu par lui-même ce dont il parle ; et en conséquence il a pu juger et examiner de sang-froid ce qui se passait à
Bicêtre. Il n'avait ni intérêt, ni motif de farder la vérité, puisque de
son rapport allait dépendre les améliorations, introduites dans le
régime hospitalier et pénitentiaire. Il n'approuve pas tout, il ne
cache pas les défauts et les vices de l'organisation et il s'empresse
de les signaler : dix insensés enchainés sur deux cent soixante et
dix ; cinquante-deux parmi eux qui ne sont pas fous ; et enfin des
loges placées au-dessous du niveau du sol. Mais il reconnait qu'ils
sont traités avec douceur, que leurs loges sont aérées et qu'ils couchent séparément et que dans le jour ils ont la liberté de se prome-
ner dans les cours.

Cependant il y a une ombre fâcheuse à ce tableau, c'est le rapport
de Desportes, en 1822 au conseil général des hôpitaux, sur le service
des aliénés dans les hospices de la Seine (2). Ses renseignements ne
concordent point avec ceux de la Rochefoucauld.

« Les loges de Bicêtre, dit Desportes, n'avaient que six pieds carrés
« en tous sens. Il semblait qu'on eut pris à tâche de construire des
« murs très épais, afin d'en diminuer l'espace, elles ne recevaient le
« jour et l'air que par la porte ; car le seul guichet, dont elles étaient
« percées, pouvait à peine servir à passer les aliments, les planches,
« qui composaient leurs couchettes, étaient scellées dans les murs ;
« et l'infortuné qui n'avait pour tout meuble que ce grabat, couvert
« de paille, se trouvant pressé contre la muraille de la tête, des pieds

(1) LA ROCHEFOUCAULT-LIANCOURT. Loc. cit.
(2) Rapport au Conseil général des hospices sur les aliénés. Paris, 1822.

« et du corps, ne pouvait goûter le sommeil sans être mouillé par
« l'eau, qui ruisselait de cet amas de pierres, et sans être pénétré
« par le froid de cette espèce de glacière. Les taches verdâtres, qui
« tapissaient l'intérieur de ces loges, étaient si fortement imprégnées
« dans les murs que quel que fut le soin qu'on mit à les gratter et à
« les charger de badigeons, elles reparaissaient aussitôt » (1).

Il n'est guère facile de concilier entre elles ces deux opinions. Pourtant nous croyons que la Rochefoucauld se rapproche le plus de la
vérité ; car Desportes n'a nullement vu les loges qu'il décrit ainsi, il
les retrace en 1822, d'après une visite, faite en 1801 par les commissaires du conseil général des hospices civils de Paris. A cette époque
en effet le plus grand désordre régnait dans les hôpitaux. Après le
renvoi des anciens administrateurs en avril 1791, les établissements
hospitaliers de la capitale furent gouvernés pendant 10 ans par les
modes les plus variés et les plus éphémères et par des hommes, dont
les folles idées influèrent beaucoup sur l'administration et même sur
les constructions et sur les réparations des bâtiments. Viel, l'architecte des hôpitaux, malgré ses timides objections, était obligé d'exécuter leurs ordres, souvent contraires aux principes les plus élémen-
taires de l'hygiène (2). Rien donc d'extraordinaire que sous prétexte
d'amélioration ils eussent rendu les loges des insensés, inhabitables.
Bientôt nous verrons qu'ils prirent à l'égard de ces malheureux des
décisions plus néfastes encore.

Rien n'est plus difficile que de déraciner les légendes, ancrées dans
l'esprit du public. D'après certains écrivains, à Bicêtre la plupart des
individus, enfermés à l'Emploi St-Prix, auraient été victimes de l'ar-
bitraire et détenus comme fous, tout en jouissant de leur entière
intelligence (3). Si à la Force et aux Cabanons nombre de prisonniers
étaient incarcérés par Lettres de Cachet, c'est-à-dire par un Ordre royal,
devant lequel les commissaires de Bicêtre devaient se soumettre, sans
avoir le droit d'élever la moindre objection; il n'en était pas ainsi
heureusement pour les insensés. Aucun aliéné n'était reçu sans de
nombreuses formalités. Les parents ou les intéressés, qui deman-
daient son internement, devaient présenter à l'économe un certificat,

(1) *Rapport au Conseil général des hospices sur les aliénés.* Paris, 1822.
(2) Viel. *De la chute imminente de la science de la construction des bâtiments,*
p.49.
(3) Appendice VII.

signé par un médecin et un chirurgien, une information et une sentence des juges, et en outre il fallait que toute cette procédure fût vue et approuvée par le Procureur Général. Grâce à ces précautions, la liberté individuelle était garantie, presqu'aussi efficacement qu'à l'époque actuelle.

Tout a été fait cependant par certains écrivains pour laisser supposer le contraire. Parmi eux nous citerons les auteurs « *des prisons de Paris* » et ceux de « *l'Histoire des Prisons de l'Europe* ». Les premiers, Alhoy et Lurine n'ont même pas le mérite de la vraisemblance.

Un seul fait démontrera avec quelle légèreté et quel peu de soucis de la vérité, ils ont composé leur ouvrage.

Ils citent une lettre de Marion de Lorme à son mari, Cinq-Mars, lettre datée de 1641, dans laquelle elle lui raconte qu'en compagnie de Lord Edwards Sommerset, marquis de Worcester, elle est allée à Bicêtre et qu'elle y a vu Salomon de Caus, à travers les barreaux de sa cellule. Dans cette lettre, sauf trois points assez importants.... que Marion de Lorme n'a jamais été mariée avec Cinq-Mars, que Salomon de Caus, l'illustre inventeur de la machine à feu, n'était point alors enfermé à Bicêtre par la bonne raison que depuis dix ans au moins il était mort, et qu'enfin ce château, habité à cette époque par les soldats invalides, ne devint hôpital qu'en 1656... le reste peut être vrai.

Alboize et Maquet, qui consacrent tout un volume à Bicêtre, sous le fallacieux prétexte que Du Châtelet, le délateur de Cartouche, y fut enfermé dans les cachots souterrains, profitent de ce fait pour raconter avec force détails la vie de ce célèbre brigand. Avec deux ou trois autres épisodes du même genre, ils ont fait un livre volumineux, qui présente sous l'aspect le plus faux, ce qui s'y passait.

Quoique notre travail se termine en 1791, il nous est impossible de ne pas parler de Pinel et des changements, radicaux apportés par lui dans les soins, donnés aux aliénés. La première tentative qui fut faite en faveur d'un traitement rationnel de la folie est due à Tenon (1) qui dans un mémoire, rempli de vues utiles et nouvelles, attira en 1786 l'attention générale sur cette maladie. A la même époque, Doublet et Colombier dans le *Journal de médecine*, émettaient des

---

(1) TRÉLAT (Ulysse). *Recherches historiques sur la folie.*

principes, fort sages sur le même sujet (1) Pinel fut le premier, qui, de la théorie passa à l'exécution.

Au mois d'avril 1791, avons-nous déjà dit, l'Hôpital-Général cessa d'exister de fait, sinon de nom; chacune de ses maisons devint indépendante et eut son médecin et son chirurgien. Nous ignorons par qui cette charge fut remplie primitivement à Bicêtre, car la nomination de Pinel ne date que des derniers mois de 1792.

A la tête de l'emploi des aliénés se trouvait alors un gouverneur intelligent, Pussin, qui de sa propre initiative s'était servi envers les furieux des moyens de douceur et en avait obtenu d'excellents résultats. Avec son remarquable esprit d'observation, Pinel, qui avant sa nomination à Bicêtre avait dirigé pendant plusieurs années une maison particulière d'insensés, vit aussitôt que là se trouvait la véritable méthode de traitement; et dès lors il résolut de briser leurs chaines. Des visites fréquentes et répétées plusieurs fois par jour lui apprirent à se familiariser avec leurs écarts et leurs vociférations. Des cours plus spacieuses et plus ombragées furent mises à leur disposition et leurs loges furent mieux aérées. Enfin il crut le moment arrivé de transformer en mesure générale ce que Pussin n'avait exécuté que pour quelques-uns (2).

(1) *Journal de médecine*, t. 64, p. 535.

(2) Pussin, d'après ce que dit M. Maxime du Camp, avait commencé avant l'arrivée de Pinel à Bicêtre à déchaîner les furieux. Aussi à la première visite que celui-ci fit dans leur quartier, il fut surpris, lorsque Pussin lui montra des fous très calmes, qui peu de temps auparavant étaient encore enchaînés. « Que faites-vous, lui demanda-t-il, quand ils deviennent trop méchants. » « Du jour où j'ai brisé leurs fers, lui répondit Pussin, ils sont tranquilles.

Pinel apprécia vite l'intelligence de ce gouverneur; quelques années plus tard il lui faisait donner par la Faculté de Bruxelles le titre de docteur.

Voici les renseignements que le Père Richard, employé à la poste de l'hôpital de Bicêtre, donne à cet égard :

« Le gouverneur de Saint-Prix, M. Pussin, faisait quelques observations sur
« chacun de ses fous, il les soignait lui-même ; il s'aperçut qu'avec du calme, de
« la tranquillité et de la tisane de chicorée sauvage, il obtenait souvent la guérison
« des insensés. M. Pinel, auteur d'un ouvrage sur les aliénés, fit l'éloge de
« M. Pussin, qu'il contraignit à quitter son emploi pour apprendre l'art de gué-
« rir, de sorte qu'il le fit médecin malgré lui. Ce fut moi-même, qui lui remit
« son diplôme de docteur de la Faculté de médecine de Bruxelles. M. Pinel
« poussa ensuite M. Pussin, qui par la nature de sa place avait déjà amassé
« quelque chose et qui, par son état de médecin, se fit une belle fortune et se
« retira ensuite à Lons-le-Saulnier, où il avait acheté une ferme ».

Souvenirs de Bicêtre. Père RICHARD, p. 62. Bibl. Carnavalet.

Il vint à l'Hôtel de Ville, d'après ce que raconte son fils Scipion, demander l'autorisation aux membres de la Commune (depuis quelques mois ils avaient pris de leur propre autorité l'administration des hôpitaux civils) l'autorisation de briser les chaînes des fous. A cette proposition ils se récrièrent et l'appelèrent aristocrate: « Citoyen, lui « dit l'un d'eux, j'irai demain à Bicêtre te faire une visite, mais mal- « heur à toi, si tu nous trompes et si tu recèles les ennemis du peu- « ple parmi tes insensés ». L'homme, qui parlait ainsi, aurait été Couthon. Le lendemain il s'y rendit, et voulut les voir les uns après les autres, on le conduisit dans leur quartier, mais il ne recueillit que des injures et n'entendit au milieu de ces cris et de ces hurlements féroces que le bruit des chaînes. Fatigué de la monotonie de ce spectacle et de l'inutilité de ses recherches, Couthon se retourna vers Pinel : « Ah ça! citoyen, lui dit-il, es-tu fou, toi-même, de vouloir déchaîner de pareils animaux ? » « Citoyen, lui répondit-il, j'ai la conviction que ces aliénés ne sont si intraitables que parce qu'on les prive d'air et de liberté et j'ose espérer beaucoup des moyens de douceur. » « Eh bien, fais, ce que tu voudras, je te les abandonne, mais je crains bien que tu ne sois victime de ta présomption » (1).

(1) SCIPION PINEL. 1° *Traité complet du régime sanitaire*, Paris, 1836 ; 2° *Mémoires de l'Académie de médecine*, t. V.

Sans mettre en doute la véracité de l'anecdote, racontée par Scipion Pinel, quoique son père n'en ait jamais fait mention dans ses nombreux ouvrages et qu'il n'en ait été parlé par aucun de ses amis, puisque ni Cuvier ni Pariset dans leurs éloges de cet éminent médecin n'en disent mot, nous sommes obligé de relever deux faits, dont l'un nous semble invraisemblable et l'autre exagéré.

Scipion Pinel dit qu'il a trouvé la relation de cet incident dans des notes laissées par son père; nous n'avons aucun motif de mettre sa parole en suspicion; mais il a certainement mal lu le nom du membre de la Commune, qui vint visiter Bicêtre; car Couthon ne fit jamais partie de cette assemblée, et dans les cent quarante-quatre délégués Parisiens, composant alors le Corps municipal, aucun ne s'appelle ainsi. Toutefois il a bien eu l'intention de désigner le conventionnel, puisqu'il parle de sa paraplégie ; mais il aurait dû se rappeler que la Commune et la Convention formaient deux corps politiques entièrement différents, tant par les personnes que par les attributions. Un an plus tard Couthon, comme membre du comité de Salut public, aurait pu, si ses occupations lui eussent permis, faire cette visite ; mais à cette époque il était pour ainsi dire inconnu et louvoyait entre les Montagnards et les Girondins, prêt à se jeter dans les bras du parti triomphant et il n'avait aucun titre officiel pour exécuter une telle démarche. Sa qualité de député du Puy-de-Dôme ne suffisait pas pour lui permettre de s'initier aux affaires de la Commune de Paris, Scipion n'a pas sans doute su déchiffrer le mot écrit par

R.   8

Maitre désormais de ses actions, Pinel commença, dès le même jour, son entreprise dont il ne se dissimulait pas les difficultés réelles, car il s'agissait de rendre libres environ cinquante furieux, sans que cette mesure devînt nuisible ou dangereuse pour les autres aliénés paisibles. Il se décida à n'en déchaîner que douze, le premier jour.

Il obtint bientôt des guérisons plus nombreuses ; et lorsque le mal ne put pas être surmonté, on n'eut plus du moins la barbarie de tenir des hommes innocents, enchaînés. Grâce à lui une ère nouvelle s'ouvrit pour les pauvres aliénés. Pourtant les changements, opérés à Bicêtre, ne s'effectuèrent pas partout immédiatement, et bien des années s'écouleront, avant qu'en province et à l'étranger on renonçe aux mesures de coercition.

Chose plus extraordinaire ! Les réformes faites à Bicêtre ne furent que momentanées ; lorsque deux ans plus tard, Pinel quitta cet hôpital pour aller à la Salpêtrière, les nouveaux administrateurs des hospices revinrent aux anciens errements et portèrent le trouble partout et détruisirent son œuvre.

Quand le Conseil général des Hospices de Paris, constitué par un décret de 1801, visita pour la première fois les hôpitaux, il trouva les aliénés enfermés dans des loges sordides, puantes et mal aérées et plusieurs de ces infortunés étaient encore enchaînés. Tout ce qu'il fut possible d'exécuter sur le champ consista à leur enlever les fers des pieds et des mains et à faire nettoyer leurs cellules. Ce fut seulement en 1822 qu'on construisit à Bicêtre deux rangs de nouvelles loges, où les fous trouvèrent enfin un peu de confort (1).

son père. Dans la liste des membres de la Commune on trouve un seul nom se rapprochant de Couthon, c'est celui de Toulan, notable de la section de la Maison Commune. Peut-être a-t-il pris le T pour un C, L pour TH et A pour O ; cette supposition, qui n'a rien d'extraordinaire, rendrait à cette anecdote toute son authenticité.

L'autre fait, qui nous a paru exagéré, est de voir en 1792, cinquante fous dans les fers, tandis qu'en 1790 La Rochefoucauld dans son consciencieux rapport n'en mentionne que dix. Là encore n'aurait-il pas confondu les chiffres 5 et 1.

(1) *Rapport fait au Conseil Général des Hospices civils de Paris en* 1822.

CHAPITRE VIII

Médecins et chirurgiens de l'Hôpital-Général.

I. — *Médecins.*

A l'Hôpital-Général, on ne recevait ni ne soignait aucune personne malade. Par les articles XXVII et XXVIII de son règlement, tous les individus atteints de *maladies formées*, étaient envoyés à l'Hôtel-Dieu. Toutefois, à la Salpêtrière, à la Pitié et à Bicêtre, il y avait des infirmeries pour les officiers, officières et domestiques, où les pauvres étaient admis, lorsqu'ils n'avaient que des *maladies ordinaires.*

Un docteur-régent de la Faculté de Paris, choisi par les administrateurs, aux modestes appointements de cinq cents livres par an, augmentés, en 1700, de pareille somme, visitait chaque maison de l'Hôpital-Général deux fois par semaine, et plus souvent quand il était nécessaire. Pour se rendre à Bicêtre, éloigné de la ville, une voiture était mise à sa disposition (1).

Quoique ces fonctions fussent peu rémunératrices, la Faculté y attachait grand honneur, et elle déployait une énergie et une ardeur parfois exagérées à vouloir conserver et défendre le privilège qu'elle croyait posséder de fournir seule des médecins aux Hôpitaux, aux Hospices, à l'Hôtel-Dieu, à la Charité, aux Incurables et aux Petites-Maisons.

Aussi, grand fut son mécontentement, quand les administrateurs de l'Hôpital-Général nommèrent un certain Gaulard, docteur de Reims et médecin des Écuries du Roi. Menacée dans ses prérogatives, elle chargea Combalusier, un de ses membres, de présenter au

(1) *Collection Joly de Fleury.*

Parlement un Mémoire, explicatif de ses droits. Les conclusions méritent d'en être rapportées ici (1).

« La Faculté supplie la Cour de vouloir bien décider et reconnaître « solennellement que le soin de tous les pauvres de cette capitale est « la première et la principale des fonctions publiques, qui lui sont « confiées par les Arrêts, et de régler que définitivement la direction « médicale de tous les Hôpitaux et de toutes les Charités de Paris « appartient à la Faculté et à ses membres, uniquement et exclusi- « vement à tous les autres médecins.

« Elle demande en conséquence que la nomination, l'installation « et la possession actuelle de la place de médecin de l'Hôpital-Géné- « ral par le sieur Gaulard soient déclarées nulles et à nul effet, et « qu'il soit procédé incessamment par le Bureau de l'Administration « à la nomination d'un ou plusieurs médecins de la Faculté, tels « qu'ils voudront les choisir pour visiter et soigner convenablement « les pauvres dudit Hôpital.

« Comme il parait qu'un seul médecin ne peut suffire au service « des malades, dont la quantité est considérablement augmentée « depuis quelque temps dans cet hôpital, la Faculté offre le nombre « de ses docteurs, qui sera jugé nécessaire pour cet objet important; « elle en trouverait même qui y feraient leur résidence, s'il le fallait.

« Si l'administration ne connait pas assez les sujets, qui compo- « sent la Faculté, cette compagnie aura l'honneur de lui en présen- « ter plusieurs, pris dans le ban des Anciens et dans celui des Jeu- « nes, mais tous dignes de la confiance du public. »

Dans ce même mémoire, l'auteur donne la liste des médecins de la Faculté qui ont rempli de 1657 à 1762 la place que Gaulard veut lui enlever. Ce sont : Florimond Langlois, Robert Patin, Moreau, Finot père et fils, Winslow, Fermelhius, Lépy et Latier (2). L'Alma- nach Royal, d'autre part, mentionne à partir de 1750 à l'article con- sacré chaque année à l'Hôpital-Général les médecins, chargés de ce service; de sorte que nous connaissons leurs noms à tous.

Quelques mots de biographie sur chacun ne seront peut-être point inutiles, car peu d'entre eux sont connus.

Langlois (Florimond), né à Paris en 1606, mort dans la même ville,

(1) *Défense de la Faculté de médecine.*
(2) *Défense de la Faculté de médecine*, p. 71.

le 22 novembre 1671, fut reçu docteur le 22 novembre 1639. Il eut de violents démêlés avec ses collègues, et surtout avec l'irascible François Blondel. On ne lui pardonnait point de s'être fait le défenseur et le propagateur de l'antimoine. Nous ne comprenons guère aujourd'hui les haines et les polémiques acerbes que ce médicament a fait naître pendant plus d'un siècle. Un de ses adversaires, dans un violent pamphlet, l'accuse de s'être donné au diable (accusation grave alors, car on croyait encore aux sorciers, et on n'hésitait pas à les punir sévèrement et à les faire brûler en place de Grève, comme ce pauvre Simon Morin, dont nous avons déjà parlé.)

La Faculté se faisait gloire de tenir haut et ferme le drapeau de l'orthodoxie et de ne jurer que par Hippocrate et Galien ; aussi elle répudiait et proscrivait toutes les méthodes de traitement, inconnues à ces deux maîtres. Lénifier, adoucir, rafraîchir, purger et saigner à outrance, tel était presque exclusivement au XVIᵉ et au XVIIᵉ siècles le programme thérapeutique.

Florimond Langlois a peu écrit, on ne connaît de lui que les deux opuscules suivants :

En epilepsiæ et melancoliæ hemorrhoides, salutares, 1640. En collaboration avec Eusèbe Renaudot.

Non E. unquam salubris ebrias. 1665, avec Charles Lelong.

Patin (Robert), fils du célèbre Guy Patin, né le 11 août 1629, docteur en 1659, obtint au Collège royal la chaire qu'avait occupée son père, et fut nommé à l'Hôpital-Général en survivance de Florimond Langlois ; mais il mourut avant celui-ci.

Guy Patin, son père, dans une curieuse lettre, adressée à un de ses amis, rend compte d'une visite qu'il a faite à Bicêtre où le scorbut exerçait de grands ravages. Comme elle donne quelques détails sur cet Hôpital, il nous a semblé bon de la reproduire.

« Par ordonnance de M. le Premier Président et des administra-
« teurs de l'Hôtel-Dieu les six médecins de cet hôpital furent assem-
« blés, il y a quelques jours, afin d'aviser à ce qui pourrait se faire
« pour empêcher le progrès du scorbut, qui devient si commun
« dans les hôpitaux. A ces messieurs on a ajouté les deux médecins
« de l'Hôpital-Général, Florimond Langlois et Robert Patin et deux
« autres de notre faculté : Brayer et moi. La difficulté n'a été effleurée,
« bien qu'il y en ait deux qui aiment à pleurer et qui aient bien tenu
« le tapis, enfin il a été résolu que l'on nous mènera visiter les lieux

« et entre autre le château de Bicêtre, où il y en a un grand nombre
« et que là nous examinerons les causes de cette propagation du mal
« et ferons réflexion sur la nature des eaux qu'on y boit, des vents
« qui y soufflent et des aliments dont on est nourri.

« Paris le 13 mars 1670. »

Quelques jours plus tard, à propos d'un ouvrage sur le scorbut, que
lui a adressé cet ami, il lui parle encore de cette épidémie.

« Je vous remercie de votre livre du scorbut, dont plusieurs Alle-
« mands ont écrit. On ne voit point cette maladie chez les Bourgeois,
« mais seulement chez quelques pauvres gens et dans les hôpitaux,
« comme le château de Bicêtre et dans la Savonnerie, où l'on ne boit
« que de mauvaises eaux ; mais le Premier Président et les adminis-
« trateurs y ont donné ordre et retranché beaucoup d'abus.

« Paris, 30 août 1670. »

Peu de temps après le jeune médecin de l'Hôpital-Général succombait, emporté par une maladie de poitrine, que son père ne désigne
pas nettement, mais qui paraît avoir été une phtisie. Guy Patin n'a-
vait point à se louer de ce fils, qui, profitant d'un moment de faiblesse de sa part pour lui faire signer un abandon presque complet
de sa fortune et de sa belle bibliothèque, s'était aussitôt empressé de
vendre les livres que le vieux bibliophile avait réunis avec tant d'a-
mour.

Moreau (Jean Baptiste) né à Paris en 1626, mort à Fontainebleau
en 1693, succéda à Langlois. Il occupa une chaire au Collège royal et
fut doyen de la Faculté. Il a peu écrit, mais pourtant on peut citer
de lui.

Non E colico et nephretico dolori eadem remedia. Paris 1658, avec Perreau.

Non E idem in assumendis alimentis ordo, 1649, avec Denis Puylon.

En quadragesimali tempore piscium ejus carnium esui antepo-nendum.

Finot (Raymond), médecin poète, né à Béziers en 1636, mort en 1709
fut d'abord reçu docteur à Montpellier et vint ensuite se soumettre
aux mêmes épreuves à Paris, où il acquit une grande réputation,
comme praticien. Malgré toute sa science il fut supplanté en 1691 par
un charlatan, nommé Rochebrune qui, grâce à la haute protection
du Premier Président de Harlai, le remplaça à l'Hôpital-Général. Le
doyen de la Faculté, Mahieu alla trouver le Premier Président et

lui démontra quelle injustice il y avait à chasser ainsi de ses fonctions un homme, à qui pendant vingt ans l'administration n'avait eu
que des louanges à adresser. Il fut alors renommé.

Il avait été le médecin du Grand Condé, près de qui il était en haute
estime.

Finot (Raymond), son fils, né à Paris en 1674, mort à Soisy-sous-
Etioles en 1747, succéda à son père comme médecin de l'Hôpital-
Général. Mais il ne garda pas longtemps cette place.

Le père et le fils publièrent quelques mémoires :

E. propria medici scientia œconomiæ animalis cognitio, Paris, 1695.

E. Asthmati humido nicotina, 1700. Avec Fancy.

*Non E semper et certum impedimentum generationis amoris vincu-
lum,* 1669.

Non est vita sine somno, 1667, avec Henri Mahieu.

An quo fluxilior sanguis an sanitas firmior, 1702, avec Pépin.

Winslow. — Celui-ci a laissé un nom connu de tous. Né le 9 avril
1669 à Odensée dans l'île de Funën (Danemark), il eut une vie des
plus mouvementées. Destiné à l'état ecclésiastique, il conçut vite
une grande répugnance pour les études théologiques; petit neveu
de Stenon, il se sentait attiré vers la science dans laquelle son oncle
s'était illustré, il abandonna donc les cours de théologie pour se consacrer à l'anatomie. Après un an de travail, il avait fait de si grands
progrès, que le roi de Danemark lui donna une bourse de voyage
pour parcourir les diverses Universités de l'Europe et compléter ses
connaissances. En 1698 il arriva à Paris, où il suivit les cours de
Duverney. Peu après, converti par Bossuet, il abjura le luthéranisme,
du coup sa pension lui fut enlevée; mais l'évêque de Meaux, ne voulant pas que son néophyte tombât dans la misère, lui en fit une de
la même somme. En 1703 Winslow soutint en présence de Bossuet,
déjà gravement malade, une de ses thèses inaugurales.

La Faculté, qui avait jugé son mérite, lui vint en aide à la mort de
son protecteur, et lui fit obtenir la place de médecin de l'Hôpital-
Général. Il donna bientôt sa démission pour se livrer entièrement
aux études anatomiques; dès lors pendant plus de cinquante ans, il
ne cessa ses recherches. Quand il mourut à Paris, le 4 avril 1760, il
avait acquis depuis longtemps, dans le monde savant, une réputation
incontestée.

Parmi ses nombreux travaux nous citerons :

An cerealia et olearia agri Parisiensis salubria, 1703.

En ex anatome subtiliori medica certior ars? 1714.

Lettres à Morand sur l'opération de la taille, 1728.

An mortis incertæ signa minus incerta a chirurgicis quam ab aliis experimentis?

An ad servandam præ fœtu matrem, obstetricium humatile minus anceps et æquè insons, quam ad servandum cum matre fœtum sectio cæsarea? 1744.

An ad extrahendum calculum, dissecanda ad pubem vesica? Paris, 1752.

Remarques sur le mémoire de M. Ferrein, concernant le mouvement de la mâchoire inférieure (1).

Fermelhuis (J.-B.), né à Vernon en 1656, mort le 20 février 1731, fut membre de l'Académie des Arts et de l'Académie de peinture et de sculpture. Quoiqu'il ait été un praticien distingué et très occupé, il n'en cultiva pas moins avec grand succès les belles-lettres. Souvent il fut appelé par ses fonctions d'académicien à prononcer des éloges funèbres; parmi les plus remarquables, on cite celui d'Elisabeth Sophie Chéron, femme de La Harpe, son collègue, à l'Académie de peinture et de sculpture et celui du célèbre sculpteur, Coysevox.

Il n'en remplissait pas moins avec zèle ses fonctions à l'Hôpital-Général. Ce fut lui, qui composa le formulaire, destiné aux apothicaireries de cet établissement charitable (2).

Lépy (Pierre-Antoine), né à Paris, fut reçu docteur le 8 octobre, 1704. Après avoir aidé Fermelhuis pendant plusieurs années dans ses fonctions de médecin à l'Hôpital-Général, il le remplaça à titre définitif le 8 janvier 1725; et pendant trente ans il remplit cette charge à l'entière satisfaction des administrateurs (2).

Latier (J. François), né à Dieppe, le 29 juillet 1721, docteur le 26 septembre 1752, acquit tout jeune une grande réputation. Aussi, Lépy, devenu vieux, le prit, avec le consentement du Bureau, comme adjoint à l'Hôpital-Général; lorsque celui-ci se retira, il fut nommé médecin titulaire malgré les compétitions acharnées de collègues plus âgés. Plus tard Gaulard prétendit dans sa réponse au mémoire de la Faculté de médecine, que Latier n'avait été choisi que grâce à

(1) Van Haller. *Bibliotheca Anatomica. Collection Joly de Fleury,* n° 1,248
(2) *Collection Joly de Fleury,* 1223.

la protection, non désintéressée de Lépy, à qui il aurait dû donner la moitié de son traitement ; l'accusateur commettait là une mauvaise action, car les deux accusés n'étaient plus de ce monde pour répondre. Il est peu vraisemblable que deux médecins en renom se soient tant préoccupés de se partager les mille livres d'honoraires, que rapportait cette place. Latier n'exerça que cinq ans à l'Hôpital-Général, il fut emporté le 10 juin 1760, victime de son dévouement à soigner les scorbutiques de Bicêtre (1).

Les Administrateurs ne crurent pas devoir se presser à lui donner un successeur.

Les malades ne souffrirent point de cet intérim. Deux anciens doyens de la Faculté consentirent à se charger momentanément du service. — C'étaient Boyer et Chomel.

Gaulard. Au bout d'un an, on se décida à nommer un titulaire. La place était si recherchée que vingt médecins se mirent sur les rangs pour l'obtenir. Un premier tour de scrutin ne donna pas de résultat et la nomination fut renvoyée à plus tard. Dans l'intervalle un des administrateurs, ami de Gaulard, l'un des concurrents, fit de la propagande en faveur de ce dernier : Celui-ci, docteur de Reims, avait osé le premier disputer ces fonctions aux membres de la Faculté de Paris ; il est vrai que sa qualité de médecin des Ecuries du roi lui donnait une grande influence. Quelques Administrateurs pour se faire bien venir de la Cour n'hésitèrent pas à soutenir ouvertement sa candidature. Au second vote il eut presque l'unanimité. Malgré les protestations adressées au Parlement, sa nomination fut reconnue valable, et jusqu'en 1782 il est mentionné dans l'Almanach Royal.

Philips (Joseph), né à Entrevaux (Provence), professeur de pathologie externe et doyen, succéda à Gaulard en 1782; il occupa cette place jusqu'en 1792. Alors il donna sa démission à la suite de dissentiments, survenus entre lui et la nouvelle administration des Hôpitaux.

Chambon de Montaux. Lorsqu'en 1786 l'infirmerie de la Salpêtrière se trouva terminée, les malades de cette maison ne furent plus envoyés à l'Hôtel-Dieu, et on adjoignit à Philips un collègue. Saillant (2) fut nommé comme médecin résidant. Mais il n'accepta pas la

---

(1) *Défense de la Faculté de médecine par Combalusier.*
(2) *Collection Joly de Fleury,* n° 1,230.

place, alors Chambon de Montaux fut choisi. En 1790, il donna également sa démission pour s'occuper de politique, il fut même maire de Paris du 14 décembre 1792 au 4 février 1793.

Saillant (Charles-Joseph), né à Paris, en 1747, se fit renommer à l'Hôpital-Général en 1790. Le 4 novembre 1791, l'Administration des hôpitaux sans motif plausible le remercia en même temps que cinq élèves en médecine et en pharmacie. Saillant qui était riche et Electeur de Paris, n'accepta point cette révocation sans protester ; il adressa une pétition à la Chambre. Le 11 novembre il fut admis à la barre de l'Assemblée et il demanda que l'arrêt, qui l'avait cassé, fut rapporté. Les députés, pour plus ample informé, renvoyèrent l'affaire au ministre de la justice, qui après enquête laissa les choses dans le statu quo (1).

Avec Philips et Saillant se termine la liste des médecins de l'Hôpital-Général.

Chirurgiens de l'Hôpital-Général et de Bicêtre.

Avant la Révolution, les chirurgiens, quoique leur profession fût essentiellement libérale, constituaient une corporation, formée sur le modèle des autres métiers. Le premier règlement, qui leur fut donné en 1301 par le prévôt Etienne Boileau, se trouve dans le Livre des Métiers.

Ils étaient assujettis, comme toutes les autres corportions, à des règles strictes, et pour acquérir le titre de maitre en chirurgie il leur fallait remplir de nombreuses formalités : passer des examens, faire un stage et payer certaines redevances assez onéreuses.

Lorsque l'Hôpital-Général fut institué, tous les corps de métiers furent obligés de lui fournir chacun deux gagnant-maîtrise. Les chirurgiens et apothicaires y furent également astreints par l'article 57 de l'édit d'Avril 1656.

« Voulons aussi, y est-il dit, que les apothicaires et les chirurgiens
« donnent chacun deux compagnons, capables pour servir audit
« Hôpital-Général et y assister les officiers et les domestiques d'iceluy,
« pour les indispositions communes et les maladies des officiers et
« des domestiques et après pareil temps de six ans, lesdits compagnons

(1) *Archives nationales*, F15, 241, 245 et 246.

« apothicaires et chirurgiens gagneront leur maîtrise sur les certificats
« des directeurs et auront mêmes droits et privilèges que les autres
« maîtres. »

Quoiqu'il n'en soit pas fait mention dans le règlement précité, les
directeurs mirent à la tête du service chirurgical un maître chirurgien, résidant à la Pitié.

Un autre règlement, formulé en 1750 par les administrateurs de l'Hô·
pital-Général (1), donne les renseignements les plus précis sur l'organisation chirurgicale de ce grand établissement.

Ni la Faculté, ni le Collège de St-Côme n'avaient voix délibérative
dans la nomination des chirurgiens et des compagnons ; ils étaient
choisis sans leur avis et sans leur participation, on ne les consultait
que pour juger du mérite et de la capacité des candidats.

Fallait-il des chirurgiens gagnant-maîtrise, des élèves ou des compagnons dans une des maisons de l'Hôpital-Général ? Les postulants
étaient invités à se présenter au bureau de la Pitié. Là on examinait
leurs titres et si l'on était embarrassé pour choisir, on leur faisait alors
subir un examen. Les membres du jury étaient le lieutenant du premier chirurgien du roi, les prévôts de St-Côme, le doyen et deux docteurs de la Faculté de médecine, ils constataient le savoir des
concurrents, et faisaient ensuite leur rapport aux directeurs. Mais
ceux-ci n'étaient nullement obligés de tenir compte du rang, assigné
par la commission.

A différentes reprises, médecins et chirurgiens protestèrent contre
cette manière de procéder. En 1722, Maréchal, premier chirurgien
du roi, avait obtenu que les places de gagnant-maîtrise à la Salpêtrière et à Bicêtre fussent mises au concours, mais l'Hôpital-Général
se prévalant des dispositions de l'Édit de 1656 fit rapporter l'arrêt (2).
En 1750 et en 1751 ce même privilège lui est confirmé (3).

Habituellement lorsque les fonctions de chirurgien en chef devenaient vacantes, les administrateurs nommaient un de leurs gagnant-
maîtrise ; les apprentis, dont ils étaient satisfaits, passaient second
ou premier compagnon, de préférence aux étrangers. De sorte que
beaucoup d'élèves acquéraient leurs grades sans sortir de Bicêtre ou

---

(1) *Collection Joly de Fleury*. Règlement du gagnant-maîtrise à Bicêtre,
n° 1235.

(2) *Collection Joly de Fleury*, n° 1,248.

(3) *Code de l'Hôpital-Général*, p. 96.

de la Salpêtrière. Il y avait donc tout avantage à servir dans ces maisons, car on y était logé, nourri, payé et en outre on y jouissait de certaines immunités, qui n'étaient point accordées aux autres étudiants.

L'arrêt du Conseil d'Etat, en date du 4 juillet 1750, qui réorganisait le Collège royal de chirurgie, avait imposé comme condition, pour être reçu maître en chirurgie : d'être âgé au moins de vingt ans, d'avoir suivi les cours pendant trois années consécutives, d'avoir servi pendant trois autres années chez les maîtres, ou dans les hôpitaux des villes frontières, dans les armées ou au moins deux ans dans les hôpitaux des pauvres. Ce n'étaient là que des formalités peu difficiles à remplir ; mais il en était une dernière bien autrement embarrassante, qui consistait à présenter conformément à la déclaration du 23 avril 1743 des lettres de maître es-arts, acquises dans une des Universités du royaume. Par une dérogation spéciale, ce titre de capacité n'était point exigé des élèves de l'Hôpital-Général (1).

A Bicêtre, le service de santé se composait d'un chirurgien gagnant-maîtrise, de deux compagnons et de six élèves, tous logés à l'hospice. Le gagnant-maîtrise et les compagnons avaient chacun leur chambre et les élèves un dortoir commun. Les trois premiers mangeaient au premier réfectoire ; les élèves mangeaient ensemble et avaient la nourriture du second réfectoire. Le gagnant-maîtrise touchait six cents livres d'honoraires, qu'il laissait à la maison pour la nourriture de son cheval ; car, malgré la défense du règlement, il avait une nombreuse clientèle à Paris, et chaque jour, après sa visite, il venait donner des consultations en ville. Avant son départ, il parcourait les infirmeries des officières, des filles de service, des employés ou de St-Henry, comprenant quarante lits, où parfois étaient admis les Bons-Pauvres, ainsi que les insensés ; puis il passait à celle des prisonniers, composée des salles St-Roch, St-Léger et St-Denis, et il terminait par les vénériens de St-Eustache et de la Miséricorde. Les deux compagnons faisaient à tour de rôle une seconde visite dans l'après-midi. A son retour de Paris, le gagnant-maîtrise revoyait les malades (2).

Moins heureux dans nos recherches sur les chirurgiens, nous ne

---

(1) GUYOT. *Répertoire de Jurisprudence*. Chirurgiens.
(2) Père RICHARD. *Loc. cit.*

pouvons donner qu'une liste incomplète des chirurgiens en chef et des gagnant-maîtrise de Bicêtre :

Chirurgiens en chef :

Jaume, à la Salpêtrière . . . . : . . .		1736
Dupont, à la Pitié.	1723 à	1736
Rouhault »	1736 à	1740
Martinet »	1740 à	1760
Thomas »	1760 à	1763
Coutavoz »	1763 à	1770
Brun »	1770 à	1792
Girardeau »	1789 a	1792 (1)

Le chirurgien en chef avait toujours son domicile à la Pitié, sauf Jaume qui habita à la Salpêtrière. Ses appointements, qui n'étaient d'abord que de cinq cents livres, furent portés en 1747 à mille livres. Deux fois par semaine, il visitait les maisons de la Salpêtrière et de Bicêtre. En cas d'urgence ou d'accident, il devait s'y rendre immédiatement, car les opérations ne pouvaient se faire qu'en sa présence. De Bicêtre, on venait le chercher en voiture. A l'Hôpital-Général était également attaché un chirurgien bandagiste.

En dehors des maîtres chirurgiens jurés, il y avait, a Paris, trois classes de chirurgiens experts : 1º pour les dents ; 2º pour les yeux ; 3º pour les hernies.

Nous ignorons si les deux premières catégories étaient représentées à Bicêtre par l'un de leurs membres. En 1728, un oculiste anglais, Woolhouse, s'adressa au bureau de la Pitié pour obtenir le droit de faire des opérations dans les hôpitaux et de panser gratuitement tous les aveugles guérissables et tous les pauvres, affligés des différentes maladies des yeux, qui se trouvaient à l'Hôpital-Général et à Bicêtre. Sa demande reçut-elle une réponse favorable ? Rien ne peut le faire supposer (2).

---

(1) Tableau du Collège et Académie de chirurgie, *Bibliothèque nationale,* T°.1. *Almanach Royal,* 1736-1792.

(2) LEGRAND. *Histoire des Quinze-Vingts,* p. 337.

Gagnant-Maitrise.

Parmi les gagnant-maitrise de Bicêtre nous ne pouvons en citer que quelques-uns :

Catelan, 717 (1).

Dast, qui eut des discussions avec les administrateurs et fut remercié en janvier 1724, avant d'avoir terminé son stage (2).

Berthe (Pierre), nommé à sa place, mécontenta l'administration, car dès la première année de son stage les dépenses de la pharmacie doublèrent (3).

Martinet, qui devint chirurgien en chef.

Thomas, qui après avoir été élève à Bicêtre fut comme le précéden chirurgien en chef.

Faguier en 1776 y était compagnon et fut nommé chirurgien en 1781 à l'hôpital de Vaugirard (4).

Cullerier (Michel), fut nommé en 1787.

Collon, qui en 1790 fit paraitre un opuscule intitulé : *Réclamations des malades de Bicêtre.*

Nous avons trouvé les noms de trois autres chirurgiens, qui gagnèrent leur maitrise au service de l'Hôpital-Général, mais nous ne pouvons préciser, si ce fut à la Salpêtrière ou à Bicêtre.

Bouret, qui gagna un procès contre la corporation des chirurgiens jurés, qui lui contestait le droit de prendre le titre de maitre (5).

Gilles (Charles) (6).

Leduc (Antoine) (7).

(1) *Almanach royal.* Année 1717.
(2) *Collection Joly de Fleury,* n° 1222.
(3) *Collection Joly de Fleury,* n° 1222.
(4) *Archives nationales,* F15 245.
(5) *Code de l'Hôpital-Général,* p. 96.
(6) Index Funereus.
(7) Index Funereus.

APPENDICES

APPENDICE I

Instruction et ordre que doivent observer les Commissaires des pauvres du grand Bureau de la ville de Paris durant l'exercice de leurs charges.

Art. XI. — Votre mois estant fait aux Petites Maisons, vous estes le mois suivant du petit bureau, où vous recevrez des commissaires les requestes de ceux et de celles qui ont la teigne, pareillement de ceux qui ont la maladie vénérienne..... A l'égard des requestes de ceux de la maladie vénérienne il faut mettre au bas, soit informé par le commissaire de la paroisse pour scavoir quels ils y sont, comme ils ont gagné la dite maladie et si ils sont pauvres, destituez de tout secours, pour n'estre à charge au bureau, cela estant et que vous verrez au bas votre ordonnance et le certificat dudit sieur commissaire, il faut mettre au bas de ladite information, soit visité par les chirurgiens du mois, et ayant veu ledit certificat, il faut adjouter que le suppliant ou la suppliante sera pensée par Bourgin, chirurgien du bureau et toutes les semaines sera baillée à la veuve du sieur Le Moyne une femme ou fille malade pour la penser et non davantage, suivant le règlement qui en a esté fait et en cas que l'un desdits jours de bureau, il arrive une feste, il est loisible le jour en suivant d'en mettre quatre malades au lieu de deux qui se doivent seulement recevoir par jour, et arrivant que par les rapports desdits chirurgiens il se trouvast que ladite maladie aurait été gagnée par le coït, il faut mettre qu'elle sera pensée à la charge de l'ordonnance du fouet que ferez exécuté par l'exécuteur, mais une femme mariée laquelle l'avoir gagnée de son mari et qu'elle fasse paraistre le certificat de son mariage, elle est exempte de l'ordonnance ; pareillement les soldats rapportant le certificat d'un des officiers de leur compagnie, mais à l'égard de ces coureuses de remparts, il faut faire exécuter l'ordonnance exactement ; préalablement leur avoir fait entendre qu'ils doivent souffrir la peine de leur faute, qui est le fouet, à quoy il faut qu'elles répondent ouy ou non, et en cas de refus de ladite correction vous deschirerez leur requeste et les renvoyerez, et l'acceptant vous leur ferez aussi scavoir que devant que d'aller chez ledit chirurgien Bourgin ou Le Moyne il faut qu'ils aillent à confesse et rapportent le certificat de celuy auquel ils auront est̃ ouïs en confession, autrement le chirurgien ne les recevrait pas ; tous ces devoirs observez il faut prendre les requestes pour, les faire signer à celui qui présidera ; vous estes aussi obligé d'aller au commencement et à la fin de votre mois du petit bureau aux loges desdits Bourgin et Le Moyne pour voir si les malades sont bien pensez et s'ils ne se plaignent point desdits Bourgin et du Le Moyne et s'ils leur dône toutes leurs nécessités, à quoy ils sont obligez de leur donner.

(Bibliothèque nationale : Recueil Thoisy : Z 2284-62.
Pièce imprimée, datée de 1618).

APPENDICE I (bis)

Abrégé du nombre des pauvres qui dépendent du grand Bureau des pauvres de Paris.

Année 1664.

Il y a 1800 pauvres à l'aumosne des paroisses,
  500 vieilles gens caducs dans l'hospital des Petites-Maisons,
  300 pauvres enfans à l'hospital de la Trinité,
  120 pauvres malades de la teigne,
  100 pauvres malades de la grosse vérolle,
   80 pauvres fols insensez dans l'hospital des Petites-Maisons,
—————
2900 pauvres qui dépendent du grand Bureau des pauvres.

(Bibliothèque nationale. — Manuscrits. — N° 18606.)

APPENDICE I (ter)

(Visite faite le 28 septembre 1657.)

Estat sommaire de la conduicte et de l'œconomie de l'Hospital général.

Bissestre est une maison vrayment royalle si elle estait achevée. Le dessein estait d'y mettre et accueillir les soldats estropiez sous le tistre de Commanderie de St-Louis. Mais les fonds ayant manqué tant pour les bastimens que la subsistance et les désordres survenus par les misères publiques des derniers temps, elle a esté presque ruinée par deux campemens d'armée, et depuis l'on en avait donné quelques apartemens pour les enfans trouvez en attendant l'establissement de l'Hospital général ; et enfin la maison estant trop exposée et abandonnée de toutes parts elle a esté joincte et unie à l'Hospital général. De sorte que pour la mettre en estat de pouvoir accueillir les pauvres en ce qui est des bastimens deia eslevez sur une seule des faces du logement il a fallu plus de soixante mil livres de dépences.

Cette maison consiste en corps de bastimens avec un emplacement de dix-huit à vingt arpens, clos de grands murs hauts et eslevez et accompagnée de quatre grands pavillons de cinq toises et demie de face sur quatre toises et demie.

Sur la face de l'enclos, regardant la ville de Paris, est basty un grand corps de logis de cinquante toises de long sur six toises de large y compris deux pavillons qui ont six pieds de saillie.

Ce corps de logis est orné à l'estage du rez-de-chaussée et à celui de dessus de deux corridors à arcades et à croisées qui servent à dégager les dortoirs qui ont leur entrée sur eux.

L'escalier est au milieu des trois étages dont deux sont carrés et le troisième en galletas.

Aux deux bouts de ce grand corps de logis et sur mesme allignement sont deux aisles plus basses de vingt quatre toises de long sur quatre toises de large, ce qui fait quatre vingt dix huict toises de long sur le tout, ce qui montre assez la grandeur du dessein, dont le principal estait de composer une grande cour de quarante toises de face sur cinquante de large et dans laquelle deux corps de logis en retour deia fondez, la pluspart des caves faictes et le bastiment eslevé avec les arcades des corridors jusqu'au premier estage sur la longueur de vingt cinq toises du rez de chaussée, qu'il faut nécessairement eslever, tant pour donner du logement aux pauvres que pour empescher le dépérissement et la ruine totalle de ces bastimens exposez aux fureurs du temps et de toutes les mauvaises saisons depuis vingt années et qu'il faut mesme par nécessité couvrir quand on ne voudrait pas les continuer. Le restablissement de ces deux aisles pourrait monter à plus de soixante mil livres en attendant que l'on pust faire la quatrième face de ce beau bastiment, qui serait d'une dépence de cent mil livres.

Tous ces logemens, en ce qu'ils sont habitables à présent, composent vingt grands dortoirs et les escolles, les magasins, ouvroirs et lieux de travail pour les manufactures, cuisines, infirmeries et offices.

Et comme la maison est toute destinée pour les hommes et les manufactures, elle a besoing de grand logemens et de grands accomodemens.

Il y a maintenant six cens pauvres distribuez, dans tous ces dortoirs différens, par une charité véritablement génèralle et conforme au tiltre de l'hospital, dont la répartition est ainsi exprimée :

Vieillards au-dessus de soixante-dix ans qui ne sont incommodez que de la

Vieillesse	cent trente-quatre.
Vieillards estropiez.	soixante-dix.
Grands garçons estropiez . . .	trente-cinq.
Petits enfants estropiez	vingt qui fait en tout cent vingt cinq estropiez.
Incurables	quinze.
Aveugles.	vingt-deux.
Paralitiques.	huict.
Imbéciles	vingt.
Épileptiques.	seize.
Rompus	neuf.
Hidropique	un.

Jeunes enfans, les uns n'ont aucune incommodité et les autres en ont :

Taillés	six.
Rompus	quatre.
Écrouellés	neuf.

Teigneux et affligez d'autres incommodités, le tout deux cens trente et un.

Ils sont subdivisés en escolliers, tapissiers, tricoteurs, cardeurs, cordonniers, serruriers, tonneliers, tailleurs et autres artisans, qui occupent les pavillons aux aisles du grand corps de logis de face.

Au haut de ce grand enclos et fort loin du logement s'est trouvé un oratoire basty pour la commodité des ouvriers, qui travaillaient au grand bastiment, qui ne peut contenir au plus que quarante ou cinquante personnes ; l'on aesté convenu d'y adjouter un grand couvert de charpenterie et de thuilles pour recevoir les pauvres en attendant le bastiment d'une chapelle.

Lequel lieu pour estre fort esloigné du logis sera inaccessible aux pauvres pendant le froid et la pluie, parce qu'il est battu du vent et une terre d'une argile glaiseuse, où les vieillards et estropiez ne pourront aller à la messe, aux vêpres, puisque la pluspart en beau temps ne peuvent pas s'y rendre en un quart d'heure.

Pour la conduite, gouvernement et service de cette maison il y a divers officiers, œconome, sous-œconomes, maistres d'escolle, pannetier, sommellier, chirurgien, infirmier, cuisinier, buandier et tous les maistres d'ouvrages et artisans pour les manufactures et le portier, qui ont tous leurs logemens dans la maison.

Fait et arresté au bureau de la direction de l'hospital général, le vingt-huitième jour de septembre mil six cinquante-sept.

(*Extrait du manuscrit n° 11364. Pages* 310 *et*
Bibliothèque nationale.)

M. Husson dans son : « Étude sur les Hôpitaux », a donné également un court passage de cette pièce, dont les archives hospitalières possédaient une copie à l'époque où parut son livre.

APPENDICE II
(*Visite faite le* 29 *janvier* 1663.)

Procès-verbal de Messieurs les Commissaires, deputez par la Cour,
pour reconnaître l'estat de l'Hospital général et ses urgentes
nécessités.

Dans la maison de St-Jean-Baptiste de Bicestre sont les vieillards, les malades de maladies incurables, imbécilles et estropiez et les plus grands garçons et d'autres qui y sont retenus pour y estre instruits des principes de la foy (dont ils sont absolument ignorans) pendant huict ou quinze jours, puis employez, renvoyez ou chastiez, suivant la Déclaration, quand ils sont trouvez plusieurs fois retournans à la mendicité..... Et le dit jour, 29 janvier nous serions partis de Paris environ une heure de relevée, assistez de Messire Jacques Regnart, sieur de la Noue, substitut du procureur général et de Messire Etienne Martin, commis au greffe de la Cour, suivis dudit Lechassier, maistre des comptes et Claude Chomel, directeurs de l'hospital et transportez en la maison de Bicestre à présent nommée St-Jean-Baptiste, distante de la ville de trois quarts de lieue et y estant arrivez, avons este receus par Barbier, de Mauroy et Maillet, commissaires de la dite maison et après avoir esté faire nos prières dans la chappelle, que nous avons reconnuë estre faite de poteaux de charpente et d'aix de bateaux, laquelle ensemble la sacristie nous avons trouvée très modestement mais très-proprement ornée. Les dits directeurs nous ont conduits dans un pavillon appellé St-Mathieu, où nous avons trouvé 50 convalescens. Un autre pavillon appellé St-Marc, où il a esté compté 49 malades de scorbut et retournans vers le principal corps de logis, les dits directeurs nous ont fait voir le puits duquel *il* nous ont représenté les incommoditez et que c'est un puits, duquel il nous ont représenté les incommoditez et que ce n'est pas un puits mais un trou de carrière percé par les entrepreneurs qui ont basty le chasteau qui tarit pour la pluspart du temps et qui n'est pas suffisant pour fournir l'eaüe nécessaire pour tous les usages différens de la maison, qui est plus de douze muids d'eaüe par jour, et qu'il faut souvent en aller quérir à la rivière de Gentilly, et qu'il faut toujours trois pauvres à relayer pour tirer l'eaüe au dit puits ; et estans advancez vers le corps de logis, avons veu un appentiz où sont les fileurs et cardeurs de laine et au pavillon qui est ensuite vers Gentilly sont logez les enfans servans à l'Eglise et les Ecclésiastiques, composé d'une salle basse, d'une chambre au dessus destinée pour les Ecclésiastiques qui viennent quelquefois charitablement faire des cathéchismes et entendre les confessions aux festes solennelles et au dessus est le logement des Prestres de la dite maison qui sont quatre en nombre, qui ont un pauvre pour les servir. Et dela nous ont fait voir plusieurs appentis, l'escurie, la boutique du coutelier, les tonneliers, les serruriers, les menuisiers, puis le dortoir des tailleurs, les drapiers, les savetiers, les cordonniers, les tricoteurs, puis la panneterie et ensuite le magasin où sont resserez les habits, linges, souliers, sabots et autres provisions pour les besoins ordinaires de la maison, dont le sous-œconome nous a représenté l'estat par lequel il se voit, qu'il faut tous les jours grand nombre d'habits et chemises, parce que ceux qui sont receus viennent la pluspart tous nuds. De là nous sommes entrez en la cuisine et despense où nous avons veu six cens livres de bœuf et six vingts livres de mouton, qui est ce qui se consomme par jour dans la dite maison, tant pour les pauvres qui sont en santé que pour les malades, les ecclésiastiques et officiers. De là..... au réfectoire pour les dits ecclésiastiques et officiers, proche duquel est une chappelle où se dit la messe dans le temps des grands froids et neiges, auxquelles la grande chappelle est exposée. Et ensuite nous avons esté conduits en 26 dortoirs, qui sont depuis le rès de chaussée jusque sous les combles de la dite maison. L'un où sont les gardes, d'autres où sont les aveugles. Ceux qui sont atteints du mal caduc, qui ne sortent jamais de leurs lits, les paralitiques, les mal taillez, les malades en deux infirmeries, avant que d'estre portez à l'Hostel-Dieu, les convalescens, tous placez selon leurs incommoditez.

Et une cour séparée où sont trois chambres où sont les valides, qui ne veulent travailler auxquels on ne donne que du pain et de l'eau. Et une autre cour séparée et quelques logis, appellez les petites prisons dans lesquels sont mis ceux qui ont esté pris plusieurs fois mandians pour estre chastiez suivant la déclaration du Roy, dans lesquelles prisons sont vingt-deux personnes que nous avons enquis du sujet de leur détention et tant par leur confession que par les billets de renvoy et procès-verbaux, qui nous ont esté representez, nous avons reconnu que ce sont des personnes qui ont esté plusieurs fois repris mandians après avoir esté chastiez, pourquoi nous avons réservé aux Directeurs en user aux termes de la déclaration. De là nous avons esté conduits dans les caves, où nous avons veu les *tisserands* et faiseurs de tiretaine, travailleurs de leurs mestiers. Et estans montez dans les premier, second et troisième estages nous avons veu et visité tous les dortoirs, les infirmeries et l'apoticairerie et le lieu où les Directeurs tiennent leur bureau et avons trouvé que tout y estait fort proprement tenu et sans aucun superflu ; et ayant interrogé quelques vieillards et infirmes ils nous ont assurez qu'ils estaient fort humainement traitez et ayans fait compter dans tous les dortoirs toutes les personnes, ils se sont trouvez au nombre de 1,885. Et nous estant ensuite fait representer les registres par l'œconome de la dite maison, nous avons trouvé qu'ils sont fort bien tenus et en très bon ordre, que l'œconome tient le registre de la recepte et dépense qui se font journellement pour la maison. Le registre ou inventaire de tous les meubles. Registre des ordonnances signées par les Directeurs. Registre des prisonniers. Registre des pauvres mis en métier, par lesquels nous avons veu qu'en l'an dernier 1662 il n'en a esté pris que treize seulement et aux autres années jusques à quatre-vingt-dix et cent par an. Le registre des gages et le registre des morts dans la maison. Que le premier sous-œconome tient le registre de tout ce qui est apporté au magasin de la maison. Registre des souliers, habits, toilles, qu'il envoye au magasin de la Pitié. Registre des estoffes qu'il donne au maistre tailleur, de la quantité d'habits qu'il lui rend ; registre du linge qu'il délivre aux pauvres. Registre du fil qu'il donne au maistre tisserand et de la quantité de toille qu'il rend ; et les registres des besoins de la Maison, que l'on demande, qui sont envoyez du Magasin général. Que le second sous-œconome tient le registre du bœuf et du mouton, et comment il est despensé. Le registre du nombre des pauvres qui ont du vin et de la quantité qui leur est donnée par jour et le registre de la recepte, du pain et du vin, qu'il reçoit pareillement et aussi veu une table faite par le dit œconome en plusieurs colonnes, si exacte qu'en un moment on peut voir par chacun jour le nombre des personnes qui sont entrées et sorties et qui résident dans le dit Hôpital. Le nombre et quantité de pain, viande, sel, vin et autres choses qui se consomment.

Le nombre et quantité, tant des officiers que des pauvres, par laquelle table et par le mémoire qui a esté fait allant par les dortoirs et par les estats et registres qui nous ont esté représentez, nous avons trouvé estre 1,885 pauvres, scavoir 336 qui travaillent soit aux ouvrages, soit aux besoins de la Maison, de vieillards malades de maladies incurables 665 ; de valides tant hommes que garçons les uns qui sont retenus jusqu'à ce qu'ils soient instruits aux principes de la religion, les autres pour estre renvoyez ou chastiez et 540 enfans aux escolles y compris ceux qui sont nouvellement venus de la Maison de la Savonnerie qui a esté délaissée par les manufactures que le Roy y a ordonnées et le supplément de personnes qui sont dans la maison, soit les quatre ecclesiastiques, qui sont aux gages de 200 livres, l'œconome qui a 300 livres de gage, le premier sous-œconome 250, le second sous-œconome 150, le sommelier et le pannetier 150, le portier 110, le sacristain 75, le chirurgien 150, l'appoticaire 150, les deux maistres d'escolle chacun 60, le chartier 120, le maistre buandier 60, le menuisier, le tonnelier et serrurier pareilles sommes, les maistres des dortoirs qui sont vingt-six en nombre, le maistre cuisinier, le brigadier, l'infirmier, le drapier, le sous-brigadier, le portier de la cuisine, le concierge des prisons, le jardinier, l'ayde de chirurgien, l'ayde apoticaire, le garçon des ecclesiastiques le garçon de la sacristie, les deux garçons servans au magasin, le garçon du pannetier, les sous-maistres tant des dortoirs que des ouvriers, le brigadier et les archers qui sont au nombre de sept, les gardes du jour et de nuict qui sont au nombre de douze, le correcteur, les compagnons des mestiers qui conduisent les ouvrages, qui sont au nombre de 52, les 12 buandiers, deux travailleurs au jardin, le ravaudeur, le conducteur du pain, le masson et celui qui distribue les portions à la cuisine. Tous lesquels sont sans gage, mais les ballayeurs, les tireurs d'eaue ont double portion pour leur donner courage et le moyen de subsister dans le service qu'ils rendent à la Maison et se monte la despence des gages d'icelle à 1,835 livres; et en visitant la dite Maison ayant senty une forte grande infection tant en l'endroit des salles où mangent les officiers qu'au bureau qui est au-dessus. Nous nous sommes enquis du sujet de la dite infection et nous a esté dit qu'elle provenait de deux causes, l'une de l'esgout de la cuisine, qui n'a pas son écoulement l'autre des lieux secrets, à cause du grand nombre de personnes et qu'il serait nécessaire de faire l'écouler les eaues du dit esgout dans des carrières assez éloignées, appartenans à divers particuliers, dont l'achapt des terres pour y arriver cousterait beaucoup et mesme de transporter les dits lieux secrets : mais que les dits directeurs ne l'ont peu faire jusqu'à présent à cause de la cherté des bleds et de grandes dépenses dont ils ont été surchargés.

(*Visite faite par MM. Doujat et Saintot le 29 janvier 1663.*)

Pièce d'une insigne rareté, contenue dans le recueil de Jurisprudence, de la Bibliothèque de l'Arsenal, catalogué sous le n° 1,675 *bis*. Nous n'avons trouvé nulle part ailleurs ce procès-verbal, tandis que l'extrait du même procès-verbal est très commun.

APPENDICE III

Bicêtre. — 30 décembre 1666.

Les cinq maisons qui composent l'Hospital sont celles de la Pitié, la Salepêtrière, Bicestre et Scipion. Il y a maintenant... 1,381 hommes et garçons... sans compter les ecclésiastiques, ny les officiers, ny les maistres des ouvrages, ny les compagnons à gages...

... Il a fallu aussi achepter des terres ès environs de Bicestre pour y faire des clostures à deux fins, l'une pour donner des commodités aux cuisines et à beaucoup d'ouvriers qui ont besoin d'espace et l'autre pour oster aux pauvres l'espérance de se plus sauver, et ce faisant ils se résoudront mieux au travail. Il est à remarquer que depuis le 1er octobre 1665, jusqu'au 1er octobre 1666, l'on a perdu dans Bicestre jusqu'à 677 ouvriers, dont la plupart se sont sauvez par les fenestres, par les combles ou par les murs qui sont immédiatement sur la campagne, ou bien que quand ils auront des clostures, ils ne pourront plus se sauver, parce qu'ils se trouveront dans des cours après avoir saulté les fenestres, les combles et les murs. L'on a bien éprouvé que cette fuite minerait entièrement le dessein des manufactures, s'il n'y estait opposé remède.

Il y a dans la maison de Bicêtre des drapiers pour les draps, pour les serges et pour les tiretaines. Il y a des pauvres qui peignent, d'autres qui cardent, d'autres qui filent, d'autres qui sont sur les mestiers, Il y en a aussi qui épincent les draps et les serges manufacturiers ; il y a aussi des cardeurs et des tondeurs, des teigneurs pour le fin tricot, des tissutiers-rubaniers et autres ouvriers en soye, des faiseurs et des serreurs de lacets, des chapelliers, des teinturiers, des cordonniers, des tonneliers, des vinaigriers, des serruriers, des chaudronniers, des remouleurs, des tailleurs de pierre, des carriers. Ceux qui refusent de travailler en mestier et qui sont sains et forts sont mis aux carrières ou à porter la hotte ou à remuer la terre, afin que personne ne soit inutile. Les infirmes, les scorbutiques, les convalescens, les paralytiques, les épileptiques, les fols, les vieillards et les nouveaux venus sont dans des dortoirs séparés.

(*Bibliothèque nationale. Manuscrits* 11,364, p. 517).

APPENDICE IV

*Règlement concernant la discipline des prisonniers détenus
à Bicêtre.*

Fait et arrêté par Nous, Antoine Raymond, Jean Gualbert, Gabriel de Sartine,
Chevalier, conseiller d'état, lieutenant général de police de la ville, prévoté
et vicomté de Paris.

1° Il sera fait et construit un guichet à la grille de chacune des salles de la
Force et de St-Léger.

2° On fera toujours entrer et sortir les prisonniers de ces salles par les
guichets.

3° Les chirurgiens seront obligés de faire les pansements aux heures qui
seront fixées.

4° Lors de ces visites et pansements ils seront accompagnés et soutenus par
quatre soldats et deux garçons de service.

5° Les prisonniers qui auront besoin d'être pansés ou visités ne le seront
que hors la salle, dans la chambre du gouverneur ou sur l'escalier.

6° On les fera sortir un à un, de manière qu'il faudra que celui qui aura été
visité ou pansé soit entré avant qu'on en fasse sortir un autre.

7° L'on se conformera aux mêmes formalités pour les prisonniers qui se font
raser.

8° Lorsque l'on fera sortir un prisonnier soit pour être rasé ou pour telle
autre cause, il sera reçu au guichet par deux garçons de service qui s'empare-
ront de ses mains, le visiteront, le fouilleront des pieds à la tête et seront
soutenus par un ou plusieurs soldats suivant l'urgence des cas.

9° Lorsqu'il sera question d'ouvrir la grille pour la distribution du bouillon, la
visite de la salle, il y aura toujours un fort détachement de soldats de la garde,
et ce service se fera par tous les garçons de service, le gouverneur à la tête,
avec ordre et tranquillité et ce détachement se retirera toujours après les dits
garçons et le gouverneur.

10° Il sera fait tous les jours une visite exacte de chacune de ces salles et
dans les lits des prisonniers.

11° Il sera fait une visite générale tous les huit jours, lors de laquelle, celui
qui y présidera, soit l'économe, soit le sous-économe, se fera accompagner de
maçons, du serrurier de la maison pour s'assurer si les murs, le carreau, les
grilles ou les portes ne sont pas endommagés ou détériorés, sans qu'on puisse
s'exempter de cette visite pour quelque motif que ce soit.

12° Les soldats ne pourront, sous quelque prétexte que ce soit, se charger de lettres soit de la part des prisonniers, soit pour eux, sous peine de cachot et d'être ensuite chassés.

13° Il leur sera défendu, sous pareille peine, d'entretenir conversation avec eux, de se charger de leurs commissions, en tous temps et singulièrement lorsqu'ils seront en faction dans les guérites de fer devant les grilles des prisonniers et dans les cours le long des cabanons.

14° L'économe de Bicêtre et le capitaine de la garde tiendront la main, chacun en ce qui le concerne à l'exécution des articles ci-dessus.

Fait à Paris dans notre Hôtel, le 6 octobre 1770.

Signé : SARTINES.

(Collection des lois et ordonnances de police.
Seconde série, t. VIII, Peuchet.)

APPENDICE V

Ordonnance du Roi, concernant de nouvelles précautions à prendre pour la sûreté et la police des prisonniers enfermés dans la maison de Bicêtre.

Du 17 avril 1778.

PAR LE ROI

Le roi étant informé que malgré les mesures employées par les administrateurs de l'hôpital général, pour la garde et la sûreté des prisonniers de la maison de Bicêtre, il s'en est souvent évadé, qui, abusant de leur liberté, se sont livrés à des excès et à des crimes au préjudice du bon ordre et de la tranquillité publique, sa Majesté aurait reconnu la nécessité de prendre de nouvelles précautions pour empêcher ces évasions et prévenir les désordres qui pourraient en résulter. S'étant fait rendre compte des moyens que les administrateurs se proposent de mettre en usage pour faire reconnaître ces prisonniers et en faciliter la recherche et capture en cas d'évasion. Elle aurait cru devoir les autoriser: Et pour en assurer l'exécution, vu la délibération du bureau de l'hôpital général, tenue le 12 janvier dernier. Elle a ordonné et ordonne ce qui suit.

ARTICLE I. — A compter du 1er mai de la présente année, tous les prisonniers enfermés à Bicêtre, soit dans les cabanons, soit dans les salles communes, seront habillés à neuf.

La moitié de chaque vêtement sera noir, et l'autre gris d'hôpital. Les habillements seront composés d'un bonnet de bure, une soubreveste, un gilet, un pantalon sans poche, des chaussons de bure dans leurs sabots et les dits vêtements seront doublés de même couleurs.

Art. II. — Les dits prisonniers auront les cheveux coupés dès leur entrée à Bicêtre, et pendant la durée de leur détention leurs cheveux seront coupés tous les mois.

Art. III. — Sa Majesté enjoint à l'économe et aux autres officiers de Bicêtre de veiller qu'il ne soit fourni à aucun des dits prisonniers d'autres vêtements que ceux prescrits par ladite ordonnance et fait défenses à tous employés, gardes, serviteurs, domestiques généralement tous autres de leur en procurer, à peine de punition exemplaire.

Art. IV. — Sa Majesté défend à toutes personnes de quelque état et conditions qu'elles soient, notamment à tous cabaretiers, logeurs, aubergistes tant des villes que des campagnes de donner retraite à tous ceux qui se présenteront vêtus de l'habillement de l'hôpital de Bicêtre : Leur enjoint d'en donner avis : Savoir dans les villes aux officiers, aux cavaliers de maréchaussée, le tout à peine contre les contrevenans de telle amende qu'il appartiendra. Mande et ordonne Sa Majesté au sieur lieutenant général de police de tenir la main à l'exécution de la présente ordonnance qui sera imprimée et affichée partout où besoin sera et notamment dans les cours et salles dudit hôpital de Bicêtre.

(Isambert : Recueil des anciennes lois françaises,
Paris, t. XXV, p. 264.)

APPENDICE VI

Réglement concernant les prisonniers détenus dans les nouveaux bâtiments de Bicêtre.

Il leur est expressement défendu pendant le jour et pendant la nuit de faire entendre des clameurs ni des huées ni de chanter des chansons ou de dire des paroles impies, libertines ou scandaleuses ; et en cas de contravention les coupables seront réduits au pain et à l'eau pendant deux jours : Enjoint à ceux du quartier qui les auront entendus de les déclarer sous la même peine et au cas que les coupables n'ayent pas esté découverts, tout le quartier subira la même peine.

Le silence sera exactement gardé par eux pendant la nuit, depuis le moment que le tambour aura battu le soir la retraite jusqu'au moment où il battra la Diane ; et en cas de contravention les peines prononcées dans le cas précédent seront imposées en la même forme.

Ils garderont pareillement le silence les jours de dimanches et fêtes pendant toutes les heures qu'on célébrera l'office divin, dont ils seront avertis par les sentinelles, suivant la consigne que ceux-ci auront reçue.

Ils seront pareillement obligés de garder le silence sous les mêmes peines toutes les fois qu'ils en seront avertis par les sentinelles, suivant l'ordre que ceux-ci auront reçus.

Pendant tout le reste du temps il leur sera permis de causer entre eux, ainsi qu'il est d'usage, en évitant néanmoins les clameurs, ainsi qu'il est porté dans le premier article.

Ils seront conduits aux jours de dimanches et fêtes dans la chapelle pour y entendre la messe et l'instruction auxquelles ils seront tenus d'assister régulièrement et de se comporter avec toute la sagesse possible et dans un silence général, très correctement observé.

S'il arrive qu'aucun d'eux refuse d'assister à la messe et à l'instruction, il sera très étroitement resserré avec défenses expresses de parler à quelque heure que ce soit, et réduit au pain et à l'eau, jusqu'à ce qu'il demande lui-même d'y assister.

S'il arrivait que quelqu'un s'oubliât jusqu'au point de blasphémer le saint nom de Dieu ou de proférer ou commettre des impiétés ou autres crimes graves, le procès lui sera fait et parfait suivant la rigueur des ordonnances, édits et déclarations du roi.

(*Collection* JOLY DE FLEURY, n° 1,229, p. 313.)

APPENDICE VII

Formalités à remplir pour l'admission des insensés à Bicêtre.

Pour pouvoir placer une personne insensée dans les dortoirs à ce destinés sont nécessaires :

1° Que l'un des parents s'adressera au juge du domicile et lui exposera les motifs qui les déterminent à faire assembler lesdits parents devant lui.

2° Le juge dressera procès-verbal de la comparution et des dires des dits parents, voisins ou amis.

3° Il ordonnera ensuite la visite de l'insensé par médecin et chirurgien, lesquels dresseront leur rapport et le déposeront au greffe.

4° Après quoi le juge se transportera chez l'insensé et en dressera procès-verbal.

5° Si l'insensé n'a point de parents ou qu'ils négligent de pourvoir à sa sûreté.

Alors le procureur du Roi ou procureur fiscal sur les lieux doit pour la tranquillité et l'intérêt public faire faire la procédure cy-dessus indiquée.

6° Quand le tout est fait comme il est prescrit, il est nésessaire d'envoyer à M. le procureur général, copie sur papier commun de cette procédure.

7° D'après l'examen de laquelle M. le procureur général déclare un ordre, s'il y a lieu pour l'insensé être détenu dans une maison de force et y être détenu aux dépens de sa famille.

(*Collection* JOLY DE FLEURY, n° 1,235, p. 157.)

APPENDICE VIII

Extrait de l'état sommaire de la conduite et de l'œconomie de l'Hospital de Bicêtre. — 28 septembre 1657.

Vieillards au-dessus de 70 ans, qui ne sont incommodés que de la Vieillesse	134
Vieillards estropiés	70
Grands garçons estropiés	35
Petits garçons estropiés	20
Incurables	15
Aveugles	22
Paralytiques	8
Imbéciles	20
Épileptiques	16
Rompus	9
Hydropique	1
Jeunes enfants	
Taillés	6
Rompus	4
Écrouellés	9
Teigneux et affligés d'autres incommodités	231
	600

(*Manuscrit de la Bibliothèque nationale*, n° 11,364, p. 312.)

APPENDICE IX

Instruction au public sur l'état présent de l'Hôpital général.
Paris 1661.

La maison Saint-Jean-Baptiste, cy devant Bissestre, enferme 1,615 pauvres, hommes de tous âges, y compris les garçons au-dessus de 16 à 17 ans. Cette famille est encore fort nombreuse et la dépense qu'on y est obligé d'y faire par conséquent très grande, tant pour ce qu'il y a plus de pauvres qu'en aucune autre maison de l'hôpital général, que parce que le gouvernement des hommes y est très difficile.

Il y a 14 officiers qui ont gage, scavoir : un économe, deux sous-économes, un sacristain, trois maîtres d'école, un chirurgien, un apothicaire, un pannetier, un portier, un cuisinier, un charretier, un tailleur. Il y a 12 autres officiers sans gage, mais entretenus de linge et d'habits et nourris. Il y a en outre 109 petits officiers, cavoir : vingt-neuf pour les dortoirs, douze pour les infirmeries, des tailleurs, des blanchisseurs, des tricoteurs, des serruriers, des cordonniers.

(*Recueil* THOISY, *Bibliothèque nationale*, Z. 2,284-62.)

APPENDICE X

Extrait des procès-verbaux de la visite à Bicêtre de MM. DOUJAT *et* SAINTOT, 29 janvier 1663.

Pauvres dans 26 dortoirs.

Pauvres travaillant à différents ouvrages.	336
Enfants incapables de travailler	540
Vieillards et malades incurables.	655
Valides qui n'ont point d'industrie et qu'on renvoie de jour en jour après les avoir gardés 8 à 15 jours . .	177
Officiers.	10
Ecclésiastiques.	4
Personnes servant pour leur nourriture.	127
TOTAL.	**1,849**

Les chiffres de l'extrait des procès-verbaux de la visite de MM. Saintot et Doujat ne correspondent point exactement à ceux des procès-verbaux, faits par ces commissaires ; ces derniers évaluent la population de Bicêtre à 1,885 habitants.

APPENDICE XI

État sommaire des pauvres nourris à l'Hôpital-Général.
Bicêtre, année 1662.

Report....... 1,071

Vieillards en 6 dortoirs.......	185	Savetiers.................	10
Estropiez, ulcérez, chancreux,		Tailleurs.................	35
boiteux...................	31	Buandiers.................	12
Enfants d'école en 4 dortoirs..	103	Drapiers...................	58
Invalides en 5 dortoirs.......	305	Tisserands................	24
Garçons invalides..........	12	Tonneliers................	3
Épileptiques.............. ..	35	Tireurs d'eau..............	3
Faibles d'esprit............	10	Menuisiers................	5
Escrouelez.................	43	Serrurier.................	1
Mal taillez................	22	Cuisine et cave............	9
Paralitiques...............	41	Chirurgiens et apothicaires ...	9
Ulcérés	26	Chartiers.................	2
Infirmerie des malades avant		Gardes de jours et de nuit....	22
d'être portés à l'Hôtel-Dieu.	50	Nouveaux venus	53
Convalescents.............	64	Valides sans travail	00
Malades de scorbut.....	80	Enfermés.................	00
Tricoteurs	31	Comme vagabonds..........	116
Cordonniers...............	33		

A Reporter... 1,071   Total........ 1,433

(*Bibliothèque de l'Arsenal. Jurisprudence, n° 1,675 bis*).

APPENDICE XII

Liste jointe à l'affiche de la loterie de l'Hôpital-Général et des Enfants-Trouvés. (Juin 1701). — Archives nationales. K. 1024. Bicêtre.

Petits garçons de 8 à 12 ans, à l'école et au tricot . . .	390
Insensés	65
Epileptiques	42

A Reporter . . .   497

Report	497
Aveugles et écrouellés	96
Estropiés et vieillards de 75 à 80 ans, pris mendiant .	178
Gueux ordinaires et vagabonds retenus à la Force . . .	390
Prisonniers par ordre du roi et garçons au-dessous de 25 ans à la Correction	90
Femmes reprises de justice et condamnées à être enfermées.	40
Hommes gâtés (Vénériens).	19
Economes, officiers, officières et gens de service . . .	33
Ecclésiastiques	3
	1,346

APPENDICE XIII

État de la qualité des pauvres de l'Hôpital-Général. — Bicêtre 28 décembre 1701. (Bibl. nat. manuscrit 16,750. Page 235).

Petits garçons depuis 8 ans jusqu'à 12 ans à l'école et au tricot	490
Insensés	65
Epileptiques.	42
Gueux ordinaires et vagabonds retenus à la maison de Force	390
Aveugles et écrouellés	96
Personnès par ordre du roi et correctionnaires	90
Estropiés et vieillards de 75 à 80 ans pris mendiant . .	178
Femmes reprises de justice	40
Hommes et femmes gâtés	75
Economes, officiers, officières et gens de service . . .	33
Ecclésiastiques.	3
	1,492 (sic) 1,502

APPENDICE XIV

État de la qualité des pauvres de l'Hôpital-Général. — Bicêtre
8 mars 1702 (Bibl. nat., manuscrit 10,750. Page 236.)

Petits garçons depuis l'âge de 8 ans jusqu'à 12 ans . .	380
Insensés.	60
Epileptiques.	42
Gueux ordinaires et vagabonds retenus à la Force. . .	370
Personnes par ordre du roi et correctionnaires	90
Aveugles et écrouellés	92
Estropiés et vieillards de 75 à 80 ans pris mendiant. .	160
Femmes reprises de justice	40
Hommes et femmes gâtés.	70
Econome, officiers, officières et gens de service. . . .	33
Ecclésiastiques.	3
	1.340

APPENDICE XV

État sommaire de la maison de Bicêtre en 1722.

DORTOIRS	LEURS HABITANTS
St-Joseph	Vieillards très caducs.
St-Paul	Grands et petits paralytiques.
St-Pierre	Aveugles et innocents.
St-Nicolas	Vieillards infirmes.
St-Augustin	Innocents.
St-Mayeul, le grand et petit Saint-Denis . .	Vieillards infirmes.
L'Ange-Gardien	Vieillards infirmes.
St-Ignace et St-Jean	Epileptiques.
St-Fiacre	Teigneux et écrouelleux.
St-Martin	Grande et petite correction.
St-Prix	Insensés.
La Visitation	Vieillards et gens de service.
St-François	Innocents.
St-Eustache	Hommes gâtés.
La Miséricorde	Femmes gâtées.

La Maison de Force.	Gueux ordinaires sans portion
St-Michel.	Vieillards à portion.
St-Léger.	Mendiants.
Infirmeries de la Maison et de St-Antoine. .	Malades.
La cuisine.	Cuisiniers.
Basse-cour.	Gens de service.
Infirmerie des lettres de cachet.	Prisonniers malades.

Les lettres de cachet et bâtiment de la maison de Force . . . . { Prisonniers, vieillards et hommes de service, portier et sous portiers de la maison de Force

(*Collection* JOLY DE FLEURY, n° 1229.)

APPENDICE X

État du nombre des habitants de Bicêtre pendant les années ci-dessous :

ANNÉES	HABITANTS
1779.	3.588
1780	3.498
1781	3.563
1782	3.500
1783	3.700

(*Archives nationales.*, p. 15.— 245.)

APPENDICE XVII

État des pauvres à la charge de l'Hôpital-Général.
Maison de Bicêtre. — *(Année 1726.)*

Enfants	100
Hommes et femmes gâtés.	190
Teigneux et écrouellés au-dessous de 16 ans	35
Hommes mal taillés	40
Hommes fous, violents, innocents et cancéreux	132
Epileptiques de divers âges	76
Paralytiques.	95
Hommes en enfance d'une extrême vieillesse.	629

A reporter. 1357

Report	1357
Lettres de cachet, sentences, Arrêts de la Cour, ordres de justice	266
Hommes aveugles de 70 à 75 ans	36
Correctionnaires et sentences de justice	126
Gueux vagabonds	805
Infirmes et convalescents revenant de l'Hôtel-Dieu . .	34
Gouverneurs et filles et gens de service	235
Economes, officiers, maîtres de boutiques	24
Ouvriers et apprentis	33
Supérieure, officières et sous-officières	33
Ecclésiastiques	5
	2,454

(*Collection* JOLY DE FLEURY, N° 1,227).

APPENDICE XVIII

Tableau des emplois d'après Richard, ancien employé de Bicêtre.

Premier emploi : St-Joseph contenant les grands et les petits paralytiques, situé dans la première cour. Dans la même cour étaient placés les gâtés des deux sexes, dans les salles St-Eustache pour les hommes, de la Miséricorde pour les femmes.

Deuxième emploi : St-Mayeul.

Troisième emploi : St-Charles.

Quatrième emploi : St-Guillaume.

Cinquième emploi : St-Pierre occupant l'extrémité du château du côté nord.

Sixième emploi : Bâtiment neuf, occupé par les épileptiques dans la partie supérieure à St-Fiacre. Les gâteux au rez-de-chaussée ou St-François. Au premier étage : Les enfants à la Visitation. Les idiots à St-Bernard.

Septième emploi : St-Prix destiné aux insensés, se composant de loges disséminées autour du pavillon de l'ouest.

(*Bibliothèque Carnavalet : manuscrit P.*)

APPENDICE XIX

Tableau de Bicêtre (*Moniteur*, 21 décembre 1789).

Sept ecclésiastiques, un économe, un sous-économe, un capitaine et un lieutenant de la compagie des Gardes, un premier commis de bureau un chirurgien gagnant-maîtrise, une supérieure, dix sous-officières...   24

Quatre commis de bureau, un commis à la vente du vin, un commis inspecteur de la porte d'entrée, un commis à la vente de l'eau-de-vie et du tabac, deux garçons chirurgiens, un garçon apothicaire en chef et un en second, un sommelier, un maître des enfants de chœur, un fournier et un fournier, huit élèves en chirurgie, trois officiers ou officières en retraite.   26

Ces cinquante personnes son nourries dans le château et forment ce qu'on appelle la première table. La seconde table nourrit les employés sous-ordre au nombre de. . . . . ·   289

On a formé six divisions principales sous les dénominations d'emplois (il y en a sept au lieu de six), dans lesquelles sont classés les malheureux qui habitent Bicêtre.

La cuisine : Premier emploi.

Comprend : I. les cabanons qui renferment trente-cinq prisonniers pensionnaires et quatre-vingt-neuf sans pension. II. Le Fort-Mahon, dix-neuf prisonniers. III. La Force, seize. IV. Le Poli des glaces, soixante-dix-huit. V. Le grand Puits, soixante-douze. VI. L'infirmerie, sept pensionnaires et cent quatre-vingt-neuf prisonniers, non pensionnaires.

Pour le service de cet emploi il y a deux garçons pannetiers, cinq garçons au magasin du linge des prisonniers et soixante domestiques. Total cinq cent soixante-seize (erreur)   572

St-Joseph : Deuxième emploi

Contient outre six pensionnaires : I. Dortoir St-Joseph, cent quatre-vingt-quatorze infirmes, cinquante-huit grand paralytiques, quarante-deux petits paralytiques. II. Dortoir, St-Paul, quarante-huit pauvres valides.

Pour le service de cet emploi il y a vingt-cinq personnes, dont trois filles. — Total   373

St-Mayeul : Troisième emploi.

Quatre pensionnaires. I. Dortoir St-Mayeul, cent quarante-quatre pauvres valides. II. L'Ange-Gardien, cent-cinq valides. III. St-André, cent

A reporter.   1284

trente-trois valides. VI. St-René, trente-deux valides, V. St-Philippe cinquante-trois valides et six ravaudeuses. VI. St-Denis, quatorze maçons, manœuvres ou terrassiers. VII. Infirmerie des gouvernantes et filles de service, deux.

Cet emploi occupe vingt-huit personnes de service, dont cinq filles.
Total cinq cent soixante et onze. 521

Bâtiment neuf : Quatrième emploi.

Quarante-cinq pensionnaires. I. Visitation, cent quatorze enfants. II. St-François soixante-douze pauvres imbéciles. III. St-Jean, soixante et un épileptiques. IV. St-Fiacre, quarante et un teigneux et scrofuleux. V. St-Prix cent quatre-vingt-sept fous et vingt-deux vidangeurs et apprentis de boutiques.

Cet emploi occupe quarante-deux gens de service, dont quatre filles.
Total. 584

St-Charles : Cinquième emploi.

Huit pensionnaires. I. St-Charles, quarante-huit pauvres valides et soixante et un Bons pauvres. II. St-Martin, ou la Correction, trente-cinq prisonniers et vingt-trois enfants de chœur. III. Dortoir au-dessus du Grand-Puits, trente-quatre pauvres valides. IV. St-Louis, soixante-dix-huit galeux. V. St-Eustache, cent cinquante-cinq hommes gâtés. VI. La Miséricorde, deux cent soixante-quatre femmes gâtées. VII. La Buanderie trente personnes et dix-neuf jardiniers.

Cet emploi occupe quarante-sept personnes dont trois filles. — Total. 802

St-Guillaume : Sixième emploi.

Quatre pensionnaires. I. Dortoir St-Guillaume, quatre-vingt-treize valides. II. Ste-Marie, quatre-vingt-dix-sept valides. III. Ste-Marguerite, trente-huit. IV. St-Marcel, trente-six. V. St-Médard, cent cinquante-quatre. VI. St-Etienne, vingt-deux.

Cet emploi occupe quinze personnes dont trois filles. — Total . . . 459
Total général, donné par le *Moniteur* quatre mille quatre-vingt-quatorze. — Total. 3;6:0

Ce tableau contient quelques inexactitudes : d'abord Bicêtre était divisé en sept emplois et non point en six ; plus la plupart des additions sont fausses ; nous donnons les véritables totaux.

INDEX BIBLIOGRAPHIQUE

Abelly. — *Vie du vénérable serviteur de Dieu : Vincent de Paul*. Paris, 1664.

Alboize et **Maquet**. — *Histoire des prisons de Paris*, 8 vol. Paris, 1846, t. I en entier.

Alletz. — Tableau do l'*Humanité*. Paris, 1769.

Alboise et **Lurine**. — *Les prisons de Paris*. Paris, 1864 (Bicêtre).

Almanach royal (années 1750-1791).

Argenson. — Mémoires : *Société de l'histoire de France*, 9 vol. Paris, 1867 (Hôpital général, t. VI et VII).

Astruc. — Traduction par Boudon, revue par Louis : *Traité des maladies vénériennes*, 4 vol., 1773.

Aubanel et **Thore**. — *Recherches statistiques sur l'aliénation mentale faites à l'hospice de Bicêtre*. Paris, 1841.

Barante (de). — *Histoire des ducs de Bourgogne*, 13 vol., Paris, 1826, t. III, p. 295.

Barbier. — *Chronique de la Régence et du règne de Louis XV*, 8 vol. (Hôpital général, t. V et VI).

Bicêtre : 1º *Histoire mémorable et épouvantable arrivée au chasteau de Biscestre près Paris*. Paris, 1623.

2º *La chasse donnée aux épouvantables esprits au chasteau de Bicestre par la démolition qui en a été faite*. Paris, 1634.

3º *Cérémonies faictes dans la nouvelle chapelle du chasteau de Bissestre*, le 25 août 1634. Paris, 1634.

Bayle et **Thillaye**. — *Biographie médicale*. Paris, 1855.

Boffrand. — *Livre d'architecture*. Paris, 1743 (Puits de Bicêtre).

Bordier et **Brièle**. — *Archives hospitalières. Récolement des archives de l'Assistance*, 1877.

Boucher (Louis). - *La Salpêtrière*. Paris, 1883.

Boucher d'Aryès. — *Variétés historiques, physiques et littéraires*, 3 vol. Paris, 1752 (Abrégé *historique de l'établissement des Enfants-Trouvés*, t. III, p. 308).

Bouillart (Dom.). — *Histoire de l'abbaye de St-Germain-des-Prés*. Paris, 1774, p. 185.

Brice (Germain). — *Nouvelle description de la ville de Paris*. 8ᵉ édit. Paris, 1725.

Bréquigny. — *Tables chronologiques des diplômes, chartres, titres et actes imprimés*. Ouvrage continué par Pardessus et Laboulaye. Paris, 1769-1876, 8 vol.

Brièle. — 1° *Inventaire des Archives hospitalières de Paris.* 4 vol. Paris. En publication.

2° *Documets pour servir à l'histoire des hôpitaux de Paris.* 4 vol. Paris. En publication.

Châtillon (Claude). — *Topographie française.* Paris, 1610 (château de Bicêtre).

Chartier (Alain). — *Œuvres publiées par André Duchesne.* Paris, 1617, p. 817

Choisy (abbé de). — *Vie de Madame Miramion.* Paris, 1706.

Colbert. — *Lettres, Instructions, Mémoires*, 1861-1883, 7 vol. Paris (t. III, p. 467.

Collé (Charles). — *Journal et mémoires.* 3 vol. Paris, 1868 (t. I, p. 188).

Collet (Pierre). — *Vie de Saint-Vincent de Paul par un prêtre de la Mission*, 1764. Paris.

Cocheris (Hippolyte). — *Histoire de la ville et de tout le diocèse de Paris*, par l'abbé Lebeuf, annotée et continuée par Cocheris. 3 vol. Paris, 1863.

Combalusier. — *Défense de la Faculté de médecine.* Paris, 1762.

Cullerier (J.-M). — *Notes sur les hôpitaux des vénériens.* Paris, an XI.

Dechambre. — *Dictionnaire encyclopédique des sciences médicales* (Syphilis, Traitement).

De la Mare. — *Traité de la police.* 4 vol. Paris, 1703-1738.

Desportes. — *Rapport fait au conseil des hospices civils de Paris*, 23 novembre.

Dezeimeris. — *Dictionnaire historique de la médecine.* 8 vol. Paris, 1839.

Dictionaire de biographie médicale. Panckouke. 7 vol. Paris, 1831.

Documents inédits sur l'Histoire de France. — Inscription de la France, t. 110, p. 589.

Doublet. — *Rapport sur l'état actuel de prisons de Paris.* Paris, 1791.

Drumont (Edouard). — *Mon vieux Paris.* Paris, 1879. (Un financier au XVI° siècle).

Du Breul (Jacques). — *Le théâtre des antiquitez avec le supplément.* Paris 1639, p. 563.

Du Camp (Maxime). — *Paris, ses origines, ses fonctions, sa vie.* 6 vol. Paris, 1875 (Bicêtre).

Duchesne (André). — *Antiquitez et recherches des villes, chasteaux..... de France.* Paris, 1668.

Etat actuel de Paris ou le provincial à Paris. Paris, 1788.

Dulaure. — 1° *Histoire physique et morale de Paris.*

2° *Histoire des environs de Paris.* 1re édit., 2 vol. 2e édit., 6 vol.

Fabre (Pierre). — *Traité des maladies vénériennes.* 2e édit. Paris, 1783.

Feillet (Alphonse). — *La misère au temps de la Fronde.* Paris, 1788.

Félibien (dom Michel). — *Histoire de la ville de Paris*, composée par D. Michel Félibien, revue et augmentée par D. Alexis Lobineau. 5 vol. Paris, 1725.

Ferrus. — *Des aliénés : Considérations sur l'état des maisons qui leur sont destinées.* Paris, 1872.

Fournier (Alfred). — 1° *Nouveau carême de pénitence et purgatoire d'expiation à l'usage des malades affectés du mal français*, ouvrage suivi d'un dialogue : le Mercure et le Gaïac exposant leurs prétentions rivales, par Béthencourt. Traduction et commentaires, par Fournier. Paris, 1871.

2° Fracastor : *La syphilis* (1530). *Le mal français* (extrait du livre *De Contagionibus*, 1546). Traduction et commentaires. Paris, 1869.

3° Vigo : *Le mal français* (1514). Traduction et commentaires. — Paris, 1872.

Fournier (Edouard). — *Variétés historiques*. 10 vol. Paris, 1869. t. VII, p. 271.

Guyot. — *Répertoire de jurisprudence*.

Gallia Christiana. 15 vol. Paris, 1716-1860, t. III, p. 231, t. VII, p. 749.

Gobellon. — *Vie de Mademoiselle Le Gras*. Paris, 1676. 2 vol.

Godefroy (Denis II). — *Histoire de Charles VI, par Juvénal des Ursins, Pierre de Fenin et Gérard de Thieulaines*. Paris, 1653, p. 658.

Guillier. — *Histoire de l'hôpital de Notre-Dame de la Pitié*. Paris, 1882.

Haller (Albert). — *Bibliotheca chirurgica et medicinæ*. Berne et Bâle, 1774 et 1776.

Hazon (Albert). — *Notice sur les hommes les plus célèbres de la Faculté de médecine*, depuis 1110 jusqu'à 1750. Paris, 1778.

Heuzey (Ferdinand). — *Curiosités de la Cité de Paris*. Paris, 1864.

Hôpital-Général. — 1° *Code de l'Hôpital-Général*. Paris, 1786.

2° *Histoire de l'Hôpital-Général*. Paris, 1676.

3°. *Mémoire pour l'Hôpital-Général et celui des Enfants Trouvés*. Paris, 1790.

Recueil des pièces concernant l'Hôpital-Général, à la *Bibliothèque de l'Arsenal :*

N° 1675, *Edit du Roi, Hôpital-Général*.

N° 1675 (*bis*), *Décrets, Arrêts et Procès-verbaux*.

N° 1675 (*ter*), *Affaires de l'Hôpital-Général*.

N° 1684, *Abrégé historique des hôpitaux de Paris*, par l'abbé Récalde.

Horne (de). — *Observations faites et publiées par ordre du gouvernement sur les différentes méthodes d'administrer le mercure*. Paris, 1779.

Howard (John). — *Etat des prisons, des hôpitaux et des maisons de force*, Traduit. Paris, 1791.

Hurtaut et Magni. — *Dictionnaire de la ville de Paris et de ses environs* 4 vol. Paris, 1779.

Husson. — *Etude sur les hôpitaux*. Paris, 1862 (Bicêtre).

Index funereus chirurgorum parisiensium. Paris, 1714.

Isambert. — *Recueil des anciennes lois françaises*. Paris, t. 25, p. 264.

Jaillot. — *Recherches critiques, historiques et topographiques sur la vie de Paris*. 5 vol. Paris, 1775.

Jobey. — *La France sous Louis XV*. 6 vol., Paris (Bicêtre, t. II et IV).

Journal de médecine. Année 1785, t. LXIV, p. 535.

Keyser. — Examen d'un livre, qui a pour titre : *Parallèle des différentes méthodes de traiter les maladies vénériennes*. Paris, 1765.

Laboulbène. — *Histoire de la médecine*. L'hôpital de la Charité. Paris, 1879.

Lalouette. — *Nouvelle méthode de traiter les maladies vénériennes avec les guérisons opérées dans l'hôpital particulier de l'auteur*, rue de Seine, Paris, 1776.

Lancereaux. — *Traité historique et pratique de la syphilis*. Paris, 1873.

Lazare (Félix et Louis). — *Dictionnaire historique et administratif des rues de Paris*. Paris, 1855.

Legrand (Léon). — *Les Quinze-Vingts*. Paris, 1887, p. 337.

Lebeuf (abbé). — *Histoire de la ville et de tout le diocèse de Paris.* 15 vol., Paris, 1751, t. X, p. 14.

Le Laboureur. — *Histoire de Charles VI, roi de France et Mémoires pour servir d'instruction à l'histoire du règne de Charles VI.* Paris 1663, p. 87, 471 et 658.

Lenoir. — *Détails sur quelques établissements de la ville de Paris.* Paris, 1780

Luynes (duc de). — *Mémoires.* 17 vol. Paris, 1860 t. X et XI, Hôpital. Général.

Malingre. — *Les antiquitez de la ville de Paris.* Paris, 1640.

Maurice (Barthélemy). — *Histoire politique et anecdotique des prisons de la Seine.* Paris, 1840.

Maynard (abbé). — *Histoire de saint Vincent de Paul.* 4 vol. Paris, 1861.

Mazarinades (Recueil de), n° 3,213.

Mercier. — *Tableau de Paris.* 12 vol. Paris, 1782, t. VIII, p. 1.

Mémoires de l'Académie de médecine, t. V.

Michelet. — *Histoire de France.* Edit. internationale, Paris, 1811-1814, t. XIII, p. 41.

Mirabeau (comte de). — *De la maison de force, appelée Bicêtre.* Paris, 1788.

Monstrelet (Enguerran). — La Chronique. *Société de l'histoire de France.* 6 vol. Paris, 1862, t. II, p. 94 ; t. VI, p. 206.

Moniteur. — Année 1789, 1790 et 1791.

Musquinet de la Payne. — *Bicêtre réformé.* Paris, 1784.

Nodier (Charles) et **Lurine.** — *Les environs de Paris.* Paris, 1844.

Nouvelles Ecclésiastiques. — (31 juillet 1749).

Ordonnances des Rois de France, recueillies par ordre chronologique. Paris 1762, t. VI, p. 609.

Paris à travers les âges, 1875 à 1882. — 14 vol. Paris (La cité Notre-Dame et le Temple).

Histoire générale de Paris. — Collection de documents (Topographie du vieux Paris : Bourg Saint-Germain, p. 92), 24 vol., parus. En publication.

Parent-Duchâtelet. — *Prostitution dans la ville de Paris*, 2 vol., 1857.

Peuchet. — *Collection des lois, ordonnances et règlements de police depuis le XIIIe siècle jusqu'au XVIIIe.* Seconde série, Police moderne, 1667 à 1789. Paris, 1818-1819 t. VIII, Bi être.

Piganiol de la Force. — *Description historique de la ville de Paris et des environs.* 10 vol. Paris, 176..

Pignot. *Histoire de l'Hôpital du Midi.* Paris, 1885.

Poirot. — *Notice sur l'hôpital de la Maternité.* An IX. Paris.

Raynaud (Maurice). — *Les médecins au temps de Molière.* Paris, 1863.

Pinel. — *Traité médico-philosophique sur l'aliénation mentale.* Paris, 1809.

Pinel Scipion. — *Traité complet du régime sanitaire des aliénés.* Paris, 1836

Ravaisson. — *Archives de la Bastille.* Documents inédits. Paris, 1866.

Sauval (Henri). — *Histoire et recherches des antiquités de la ville de Paris.* 1725.

Saint-Edme. — *Description historique des prisons de Paris.* 2 vol. Paris, 1828.

Sirven (Alfred). — *Sainte-Pélagie*, 1868.

Tenon. — *Mémoires sur les hôpitaux de Paris*. Paris, 1788

Thiery. — *Guide des amateurs et des étrangers royageurs à travers Paris*. 2 vol. Paris, 1787.

Trélat (Ulysse). — *Recherches historiques sur la Folie*. Paris, 1839.

Thoisy. — *Recueil de pièces imprimées*. (Bibliothèque nationale.) Z. 2214, 62 et 63. *Voyage au centre du Grand Gentilly*, par M. T. D. curé du lieu. Paris, 1821.

Viel (Charles-François) de St-Maux. — 1° *Grand égout de Bicêtre*. Paris, 1819. 2° *Principes de l'ordonnance et de la construction des bâtiments*. Notice sur divers *hôpitaux*. 2 vol. Paris, 1812-1814. 3° *De la chute imminente de la science de la contruction des bâtiments*, p. 49.

MANUSCRITS

Bibliothèque des Archives nationales.

1° Législation hospitalière, A. D. 1 B. XIV.
Hôpitaux civils (199 pièces. 1714 à 1778).
Hôpitaux civils (50 pièces 1778 à 1789).

2° Archives politiques et administratives.

I. — Création et administration d'hôpitaux généraux et particuliers et maisons de refuge. F [1b], 226-229. Années 1780 à 1791.

II. — Affaires concernant les hôpitaux. Années 1778 à 1791. F. [1b], 234-245.

III. — Bicêtre: Salle de Force. O. 623.

Bibliothèque de la ville de Paris (Carnavalet).

Souvenirs de Bicêtre par le père Richard.
Histoire des Docteurs-régents de l'ancienne Faculté de médecine, par Chéreau.
Archives de la Folie, par Cuisin.

Bibliothèque de la Faculté de médecine.

Annales de la Faculté par Thomas-Bernard Bertrand.

Bibliothèque nationale.

Collection Joly de Fleury.

Numéros.	
1220	Hôpital général.
1221-1222	Registres de délibérations (1722-1725).
1223	Autre date.
1224-1225	Projet de règlement (1749).
1226	Autre.
1227	Fournitures.
1228	Legs et donations.
1229	Personnel administratif.

TABLE DES MATIÈRES

délivré par la Faculté de méd·cine. Keyser y essaie ses pilules ; ses discussions avec Thomas, chirurgien de Bicêtre. Extrait des registres de
l'hôpital ; magnifique résultat obtenu par Thomas.

3° Autres hôpitaux de vénériens à Paris.

Les Petites-Maisons. Hôpital des Gardes-Françaises et des Gardes-Suisses.
Hôtel des Invalides. Maisons de santé ; Hôtels de santé ou Hôtels salutaires
Fondation de l'hospice de Vaugirard pour les femmes enceintes, les accouchées, les nourrices et les enfants syphilitiques. Messieurs Colombier et
Lenoir. Les vénériens des deux sexes réunis à l'ancien couvent des Capucins, Faubourg-St-Jacques. Hôpital particulier du docteur Lalouette, rue
de Seine.

CHAPITRE VI

CHAPITRE VII

ses vues humanitaires. Pinel se rend à la Commune de Paris pour demander l'autorisation de briser les chaines des insensés. Protestation soulevée
par cette demande. Couthon va le lendemain à Bicêtre ; ses paroles à
Pinel. Celui-ci met enfin ses projets à exécution. Après son départ de
Bicêtre les fous sont de nouveau enchaînés. Les hôpitaux mal dirigés
par les administrateurs, qui succèdèrent à ceux de l'Hôpital-Général.
(Note. Ce ne fut point Couthon, mais peut-être Toulan, qui vint visiter
les aliénés de Bicêtre).

CHAPITRE VIII

IMPRIMERIE LEMALE ET Cie, HAVRE

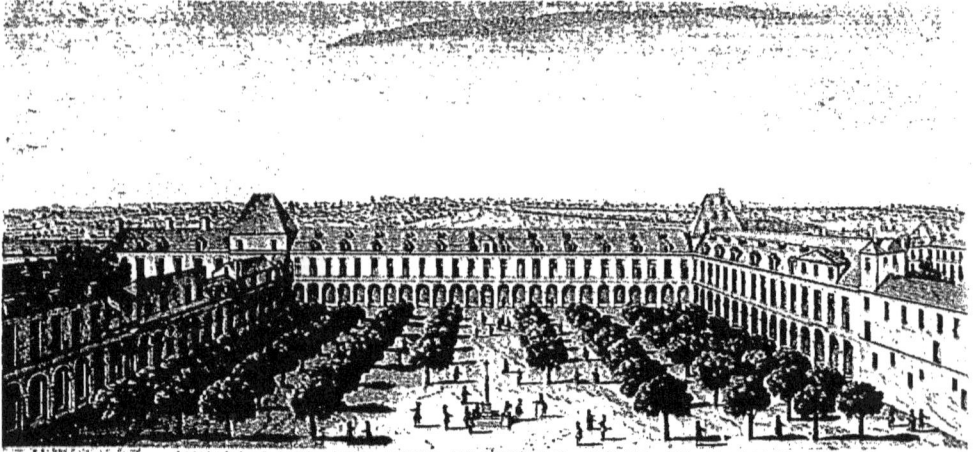

VUE DE LA GRANDE COUR DE L'HOPITAL ROYAL DE BICESTRE
prise du haut de l'Eglise où l'on découvre Paris dans l'éloignement

VUE DE L'HOPITAL ROYAL DE BICESTRE
hors Paris à une promenade de la Porte des Gobelins

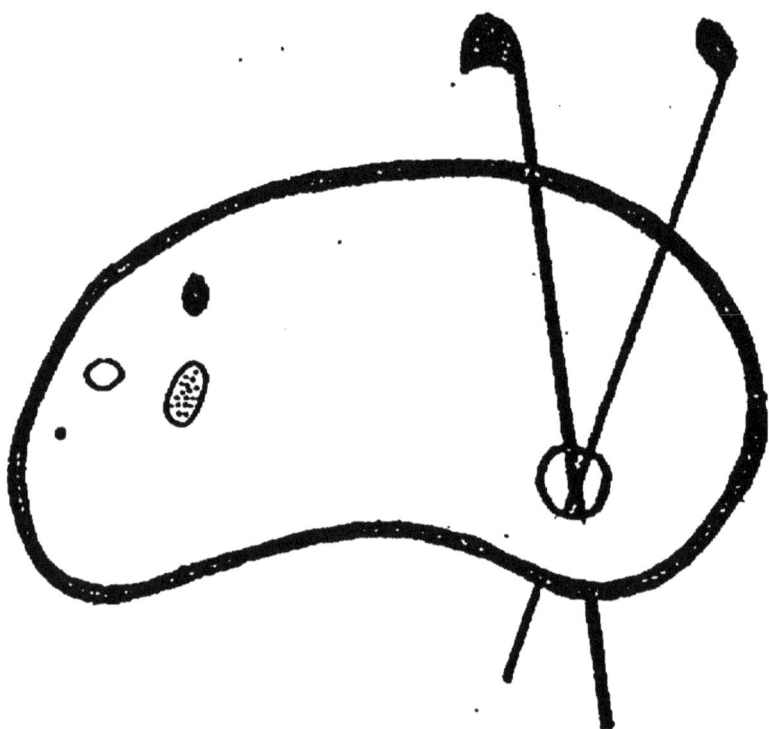

ORIGINAL EN COULEUR
NF Z 43-120-8

www.ingramcontent.com/pod-product-compliance
Lightning Source LLC
Chambersburg PA
CBHW052058090426

42739CB00010B/2234